소쉬르와 비트겐슈타인의 언어

어떻게 언어로 놀이를 하는가

소쉬르와 비트겐슈타인의 언어
어떻게 언어로 놀이를 하는가

1999년 8월 20일 1판 1쇄 인쇄
1999년 8월 25일 1판 1쇄 발행

지은이 · Roy Harris
옮긴이 · 고석주

발행처 / 도서출판 보고사 / 김흥국
등록 / 1990년 12월(제6-0429)
주소 / 서울시 동대문구 이문2동 2391-60 한빛빌딩 B01호
전화 / 959-2032~3 팩스. 966-5614

값 7,000원

ISBN 89-8433-010-8

소쉬르와 비트겐슈타인의 언어

어떻게 언어로 놀이를 하는가

Roy Harris 지음, 고석주 옮김

보고사

언어는 세계의 미로이다

Die Sprache ist ein Labyrinth von Wegen

비트겐슈타인

랑그는 언어의 통일을 유지시킨다

C'est la langue qui fait l'unité du langage

소쉬르

차 례

옮긴이 머리말

대저 말이란 소리를 내는 것만은 아니다. 말에는 뜻이 있다. 말의 뜻이 모호하여 뚜렷하지 않다면, 과연 말이 있는 것일까 아니면 말이 없는 것일까?

夫言非吹也 言者有言 其所言者 特未定也 果有言邪 其未嘗有言邪 <장자, 제물론>

언어란 무엇인가? 이 물음은 고대부터 지금까지 수 없이 많은 학자들이 추구해 온 문제이다. 특히 20세기에 들어오면서 언어는 인문학의 핵심 주제가 되어 언어학, 철학, 심리학, 사회학, 문학 등의 여러 분야에서 활발히 논의되고 있다. 이에 따라 우리는 언어에 대해서 많은 사실들을 알게 되었다. 그러나, 이러한 지식의 증가가 언어를 더 잘 이해하도록 하는 것만은 아니어서, 한편으로는 혼란스러움도 더하고 있다. 바로 이러한 때에 현대 언어 사상의 출발점이라고 할 수 있는 소쉬르와 비트겐슈타인의 언어관을 돌아보는 것은 그 의미가 크다고 하겠다. 서로가 자신이 옳다고 외치지만 이론 내적 타당성 외에는 진실을 가려내기 어려운 때에는 원점으로 돌아가 나아온 길을 되돌아 보고 나아갈 길을 모색하는 것이 무엇보다 중요하다고 생각하기 때문이다.

이 책은 Roy Harris 교수의 *Language, Saussure and Wittgenstein* –

How to play games with words—(1988, Routledge)를 번역한 것이다. 저자는 소쉬르의 『일반언어학 강의』를 직접 번역한 것 외에도 국제적으로 명성 있는 언어에 관한 책을 여러 권 저술하였으며 언어학과 언어철학 모두에 매우 조예가 깊은 학자이다. 이 책에서 저자는 현대의 언어 사상에 가장 심대한 영향을 미친 소쉬르와 비트겐슈타인의 언어관을 비교하고 있다. 소쉬르와 비트겐슈타인 각각에 대해서는 국내외에 많은 연구가 있어 왔지만, 이들 두 사람이 모두 언어를 연구 대상으로 삼았음에도, 그들의 언어 사상을 관련지어 비교한 연구는 찾기가 쉽지 않은 실정이다. 저자는 바로 이 점을 지적하고, 소쉬르와 비트겐슈타인이 각각 자신의 분야인 언어학과 철학에서 서로간에 학문적 교류 없이 언어를 연구했음에도 불구하고 공통점이 있음을 우리에게 보인다. 두 사람은 언어를 놀이(game)로 유추해서 그 본질을 밝히려고 했다는 점에서 여러 가지로 유사하다.

현재 국내에는 소쉬르의 『일반언어학 강의』와 비트겐슈타인의 『논리-철학 논고』, 『철학적 탐구』, 『확실성에 관하여』, 『수학의 기초에 관한 고찰』 들이 번역되어 있다. 역자는 소쉬르와 비트겐슈타인의 저술이 인용된 부분을 번역하면서, 국내에 이미 번역되어 있는 소쉬르와 비트겐슈타인의 책들로부터 많은 도움을 받았다. 이 자리를 빌어 선배들의 업적에 감사를 드린다. 이 책에는 주석이 있는데 원서에는 없는 역주이다. 내용을 이해하는 데 조금이라도 도움이 되기를 바라는 마음에서 주석을 붙였으나 행여 혼란만 더하는 것이 아닐까 하는 마음을 떨칠 수 없다. 그리고, 저자도 밝히고 있는 것처럼 소쉬르와 비트겐슈타인이 사용한 용어를 번역하는 데에는 많은 어려움이 있는데, 역자는 기존의 연구나 번역에서 이미 사용하여 널리 알려졌다고 생각하는 우리말 용어를 사용하였다. 적절한 용어가 없어서 혼란을 일으킬 수 있다고 생각되는 경우에는 괄호 안에 원어를 밝혔다.

끝으로, 번역 원고를 읽고 역주의 필요성을 이야기해 준 김현강과, 더운 여름에 이 책의 출간을 위해 고생한 보고사의 편집부 여러 분과, 이 책의 출간을 흔쾌히 허락한 김홍국 사장님께 고마움을 표한다.

1999년 여름에
옮긴이 고석주

서 문

현대 언어학의 역사는 이전까지 알려지지 않았던 세계의 언어에 대한 새로운 발견의 역사가 아니다. 그것은 언어를 어떻게 분석해야 하는가에 관해서 대립하는 관점들의 역사이다. 이러한 측면에서 그것은 지리학이나, 생리학, 혹은 그 어떤 다른 자연과학의 역사와도 거의 공통점이 없다.

그리스-로마 시대에 언어 연구는 이미 세 가지 별개의 분야로 나뉘었다: 논리학, 수사학, 문법. 이와 같이 세 부분으로 정립된 분할은 영향력이 있어서 유럽의 초기 대학들의 정규 과목으로 제도화되었다. 그것은 서구적 전통의 모든 언어 사상에 지울 수 없는 영향을 남겨 현재에까지 이른 분할이다.

서구의 학풍은 한결같이 이러한 분할에 도전하기보다는 그것을 받아들이려는 경향이었다. 그럼에도, 지난 이 천년 동안에 여러 번 논리학과 수사학과 문법 사이의 관련성에 대한 의문이 학문적 관심의 중요한 초점으로 떠올랐다. 그것은 중세 모디스타이(modistae) 철학의 핵심이었다. 그것은 또한 17세기 포트 로얄(Port Royal) 학파의 작업에서 중요한 것이었다. 오늘날 그것은 다시 한 번 언어에 대한 논의에서 중요한 문제가 되었다. 그러나, 이 문제가 현재 20세기 후반부에 이야기되는 방식은 이전에 이야기되던 방식과는 그 성격이 다르다. 이 성격의 차이는 대부분 두 사람의 작업에서 기인하는데, 그들은 바로 소쉬르와 비트겐슈타인이다.

이 두 사람은, 각자 매우 다른 방식으로, 20세기의 언어 사상을 지배하게 된 지적 흐름의 주창자가 되었다. 두 사람은 인간사에서 언어가 하는 역할에 대해 철저한 재평가를 하도록 하는 데에 도움이 되었다. 이 재평가의 영향은 다음과 같이 요약될 수 있을 것이다. 언어는 우리가 살고 있는 세계를 파악하는 데에 더 이상 주변적인 것이 아닌 핵심적인 것으로 간주된다. 언어는 이미 주어진 사물들의 질서 위에 부가된 단순한 음성적 명칭이나 의사소통적 보조물이 아니다. 그것들은 사회적 상호 작용의 집합적 산물이고, 인간이 자신의 세계를 구성하고 표명하는 본질적 도구이다. 이 전형적인 20세기 언어관은 인문과학의 전 분야에서 이루어진 발달에 심대한 영향을 미쳤다. 그것은 특히 언어학, 철학, 심리학, 사회학 그리고 인류학에서 두드러진다. 이 모든 분야에서는 아직도 소쉬르와 비트겐슈타인이 이끈 언어 사상의 혁명이 진행 중이다.

이 사상가들 각자의 업적은, 알려진 것처럼 대단히 많은 양의 해석, 번역, 주해, 비평을 불러일으켰다. 이 자료들을 개관하는 것조차도 이제는 상당한 분량의 책이 필요한데, 필자의 목적은 그러한 자료들을 개관하려는 것도, 소쉬르와 비트겐슈타인에게 영향을 준 복합적인 요소들과 이 두 사람의 영향을 추적하려는 것도 아니다. 목적은 훨씬 더 온당하고 범위가 엄격히 제한된다. 이 저술가들 각각에 대해 쓰여진 글들 중에, 그들의 언어관에 대한 비교가 거의 없다는 것은 놀라운 일이다. 이에 대해서는 여러 가지 이유가 있다. 소쉬르와 비트겐슈타인은 매우 다른 학문 분야에 속했다. 소쉬르는 그의 언어학의 철학에 대한 함축을 결코 강조하지 않았고 비트겐슈타인도 그의 철학의 언어학에 대한 함축을 강조하지 않았다. 각자 자신의 분야에서, 학제적 비교를 자극하지 않고도, 그 자체만으로 논자들의 마음을 빼앗기에 충분한 격변을 불러일으켰다. 그런데, 역사적 가늠자로 보면, 분명하고 근본적인 차이에도 불구하고 둘 사이에는 또한 유사성이 있다는 것이 분명해진다. 소쉬르와 비트겐슈타인이 언어 문제에 대해서 취한 입장과, 그 결과로 직면하게 된 문제는 여러 가지 유사성을 보인다. 그러므로, 개략적으로라도 소쉬르와 비트겐슈타인의 언어 사상 사이에 가장 함축성 있는 접점으로 간주될 수 있는 것이 무엇인가를 설명하는 것은, 그 접점이 얼마나 중요하고 더 탐구되어야 하는가의 문제는 차치하더라도, 의미가 있는 것 같다.

이러한 온당한 모험에서조차도, 말할 필요 없이, 모든 것은 관련된 이 두 주요 인물에 대한 읽기에 달려 있다. 비교가 진공상태에서 수행될 수는 없다. 동시에, 여기에서 그러한 읽기를 자세하게 검토하면서 시작하기는 불가능한데, 그것이 이 책의 범위를 훨씬 넘어서는 정도의 주석과 상세한 맥락들을 제시해야 하기 때문이다. 결국, 아주 솔직한 형태로 비교의 주제를 제시하고 (비트겐슈타인이 언어에 대해 말한 것처럼) 그것이 그 자체에 대해 말하도록 하는 것이 더 나을 것 같다. 주제는 소쉬르와 비트겐슈타인의 관점이, 보통 인식되지 못했던, 중요한 수렴 현상을 보인다는 것이다. 특히, 언어가 작용하는 방식을 이해하려고 하면서 사람들이 생각해 낼 수 있는 가장 설명적인 유추가 언어와 규칙-지배되는 놀이 사이의 유추라는 그들의 신념에서 수렴 현상을 보인다. 이러한 유추적 이해에 대해서는 일반적으로 받아들여지는 용어가 없는데, 유럽 사회에서 체스, 테니스, 브릿지 등을 놀이로 인식한다는 의미에서의 놀이 관습이 없는 사회에서라면 그러한 유추적 이해는 분명히 불가능할 것이다. 이러한 용어 상의 공백을 생각하면, 그것은 다소 모호하게 '놀이 유추(games analogy)' 혹은 '놀이 관점(games perspective)'을 말하는 것으로 축소된다. 이 책의 제목으로는 언어 놀이(Language Game)가 더 적절할 것이다. 이것의 단점은 '언어 놀이'라는 개념이 특별히 비트겐슈타인과 연관된다는 것이고, 따라서 그것은 비트겐슈타인적 해석이 소쉬르에게 소급되어 적용되는 것으로 들릴 수 있다. (다행히도 이것이 사실이 아니라는 것을 나타내는 텍스트 상의 증거가 『일반언어학 강의』에 있다.)

만일 역사가 해석의 적용에 개입했다면 그것은 반대가 되었을 것이다. 후기 비트겐슈타인 철학이 대학의 전문적인 철학자들의 교실 밖에서 준 충격은, 부분적으로는 그의 철학이 소쉬르의 생각에 이미 동화된 지성 세계에 던져졌다는 사실에서 기인했을 가능성이 더 많다. 『철학적 탐구』에서 놀이가 전면에 부각된 것은, 소쉬르가 특히 좋아했던 비유에 이미 익숙한 독자에게 어떤 의미의 기시체험을 불러일으킨다. 그리고 '당대 제일의 철학자'가 소쉬르적 읽기가 가능하다고 속삭이는 것이 비트겐슈타인적 지식의 대열에 선 학자들에게는 터무니없게 들릴 수도 있겠지만, 문화사에서 철학자가 말한 것만큼이나 중요한 것은 사회가 그것들을 무엇으로 인식하느냐이다. 소크라테스는 그의 모든 상속자들을 대신해서 그 교훈을 냉혹한 방식으로 배웠다.

이전에는 결코 누리지 못했지만 이후에는 전 서구 세계에서 문화적으로 평범한 것으로 인정된 상태를 서구 문명이 놀이(game) 덕분으로 돌리기 시작했던 시기에 소쉬르와 비트겐슈타인이 살았다(둘 다 특별히 놀이에 놀이하는 사람으로서 몰두하지는 않았다)는 사실에 대해서는, 이 책에서 아무 것도 이루어지지 않는다. 이것의 중요성은 다른 기회에 탐구되도록 남겨 두어야 한다. 그것은 넓은 의미에서 소쉬르가 '기호적'이라고 했을 종류의 사회적 고려와 정치적 고려가 포함된다. 그리고 여기에서 20세기 문화의 의사소통으로서 놀이의 기호학(semiology)까지 만족스럽게 다루려고 하는 것도 책 두 권을 무리해서 하나로 만들려고 하는 것에 지나지 않을 것이다.

이 단순 비교를 하면서, 필자는 일일이 열거할 수 없이 많은 지적 채무를 졌는데, 특히 논의 과정에서 제기된 문제들의 경우에 동료들과 학생들에게 빚을 졌다. 어떤 경우에는 감사 표시가 당혹감을 불러일으킬 수도 있는데, 다른 사람의 생각을 필자가 이용한다는 것이 취사선택하지 않으면 아무 의미가 없기 때문이다. 소쉬르와 비트겐슈타인은 모두 언어에 관해서 많은 생각들을 제공하는데, 그들의 해석이 자주 논란이 된다는 것은 놀라운 일이 아니다. 필자는 특히, 1986년에 옥스퍼드에서 필자와 함께 이들 두 저자에 대한 합동 세미나를 열었던 네를리히(Brigitte Nerlich) 박사와, 필자에게 더 엄격하게 생각하도록 질문해 준 패로우(S. J. Farrow)에게 고마움을 느낀다. 비트겐슈타인의 경우에, 이 논의에서 문제가 된 것들은 무엇보다도 베이커(G. P. Baker) 박사와 해커(P. M. S. Hacker) 박사의 최근 작업에 의해 명확해졌다.

두 사람은 필자의 장황한 질문에 극도의 인내와 변하지 않는 관대함으로 대답해 주었다.

이 책의 일부는 필자가 1986년 뉴델리의 네루(Jawaharlal Nehru) 대학교에 초빙 교수로 있는 동안에 쓰여졌다. 강의하도록 필자를 초청해 준 것에 대해, 부총장인 길(H. S. Gill) 교수에게 감사드리고 싶고, 여기에서 다시 다루고 있는 언어 문제들의 일부를 천착하는 데에 활발하게 참여해 준 것에 대해, 인도의 청중들에게 감사드리고 싶다.

마지막으로, 필자는 언어학사에 관한 새로운 총서의 출판을 시작한 것뿐만 아니라 기고하도록 해 준 것에 대해서 테일러(T. J. Taylor) 박사에게 감사드린다. 이 책에서 다루는 것과 같은 논쟁적인 주제로 시작하는 것은 편집자가, 오랫동안 언어학에 결여되어 있던, 신선하게 모험적인, 역사 편찬의 관점을 가지고 있음을 나타낸다. 소쉬르와 비트겐슈타인은, 해석과 논쟁이 경주할 만한 가치가 있는 역사의 어떤 수레바퀴의 두 축이 되는 명제(thesis)를 상술하기 위한 선택으로 더할 나위가 없다.

번역에 관한 주의

소쉬르와 비트겐슈타인의 작업에 대해 영어로 논의하는 것은, 나쁜 시절에는 생각하지 못하고 좋은 시절에는 완전히 만족할 만한 해결이 없는, 번역의 문제를 제기한다. 비트겐슈타인의 경우에, 필자는 그 번역이 의심스러운 경우에도 참고문헌에 표시된 영어 번역본을 따랐다. 번역되어 인용된 소쉬르의 문구는 필자 자신의 영어판(London, 1983)에서 따온 것이다. 계속해서 골치 아픈 용어로는, 예상할 수 있는 것처럼, *langage*(언어), *langue*(랑그), *parole*(파롤), *Sprache*(언어), *Satz*(문장/명제)가 있다. 이 다섯 단어는 다음과 같이 처리되었다. 소쉬르의 *langage*는 여기에서 항상 영어로 정관사나 부정관사가 없는 'language'(언어)로 번역되었다. 비트겐슈타인의 *Sprache*(언어)는 'language'나 'the language'(언어)로 다양하게 번역되었다: 영어 번역자가 그 차이에 대해서 항상 주의를 기울이지는 않았다. 소쉬르의 *langue*(랑그)는 'the language'나 'a language', 때로 'linguistic structure'(언어 구조)나 'linguistic system'(언어 체계)으로 번역되었다. *parole*(파롤)은 항상 'speech'로 번역되었다. 독일어 *Satz*(문장/명제)는, 'sentence'(문장)과 'proposition'(명제)라는 두 얼굴의 개념으로 악명 높다. 또, 비트겐슈타인의 번역자가 이 두 대안 사이에서 항상 만족스러운 선택을 한 것 같지는 않다. 다른 기술적 용어의 번역은 필요할 때 본문에 표시되어 있다.

약 어

『책』 『청갈색 책』(*Blue and Brown Books*), 2판, R. Rhees 편 (Oxford University Press, Oxford, 1969). 숫자는 쪽을 나타냄.

『강의』 『일반언어학 강의』(*Cours de linguistique générale*). 숫자는 T. de Mauro의 *Edition critique* (Payot, Paris, 1972)와 R. Harris에 의한 영어 번역(Duckworth, London, 1983)에 다시 수록된 1922년의 표준판의 쪽을 나타냄.

『문법』 『철학적 문법』(*Philosophical Grammar*), R. Rhees 편, A. Kenny역, (Oxford University Press, Oxford, 1974). 숫자는 쪽을 나타냄.

『탐구』 『철학적 탐구』(*Philosophische Untersuchungen*), 2판, G. E. M. Anscombe and R. Rhees 편, G. E. M. Anscombe 역 (Oxford University Press, Oxford, 1958). 숫자는 'p'(page)가 앞에 있는 것을 제외하면 단락을 나타냄.

『고찰』 『수학의 기초에 관한 고찰』(*Remarks on the Foundations of Mathematics*), 3판, G. H. von Wright, R. Rhees and G. E. M. Anscombe 편, G. E. M. Anscombe 역 (Oxford University Press, Oxford, 1978). 숫자는 쪽을 나타냄.

『논고』 『논리-철학 논고』(*Tractatus Logico-Philosophicus*), 교정된 2판, D. F. Pears and B. F. Mcguinness 편역 (Routledge & Kegan Paul, London, 1972). 숫자는 단락을 나타냄.

소쉬르와
비트겐슈타인의
언어

어떻게 **언어**로 **놀이**를 하는가

텍스트와 맥락

소쉬르는 비트겐슈타인에게 아무런 지적 부채가 없고, 비트겐슈타인도 소쉬르에게 아무런 빚이 없다. 적어도 그것은 둘에 관한 어떠한 비교 연구에서라도 출발해야 하는 가정이다. 관련된 연대기적 사실들을 대충 훑어보면 나타나듯이(부록을 보라), 그들은 금세기 초반부에 마주칠 수도 있었지만 결코 마주친 적이 없는 학문 경로를 밟았다. 소쉬르가 영향력 있는 언어학 강의를 제네바에서 하고 있을 때, 젊은 비트겐슈타인은 맨체스터에서 공학을 공부하고 있었다. 비트겐슈타인이 『논리-철학 논고』를 썼을 때에 소쉬르는 이미 사망했다. 비트겐슈타인의 교제 범위에 있던 사람들 중의 일부(예를 들어, 오그던[1])는 분명히 소쉬르의 『일반

1) Ogden, Charles Kay(1889－1957). 영국의 심리학자로서, 리처즈(I. A. Richards)와 함께 쓴 『의미의 의미』(*The Meaning of Meaning*, 1923)로 언어 의미의 연구에 혁신을 가져왔다. 이들에 따르면, 단어나 문장은 심

언어학 강의』를 잘 알고 있었지만, 비트겐슈타인이 그것을 읽은 적이 있다는 증거는 없다. 읽었다고 해도, 그는 그의 저술에서 그것을 언급하지 않았고, 비트겐슈타인을 아는 사람들은 소쉬르에 관해서 그와 논의한 것을 기억하지 못한다. 그러므로 유효한 증거에 근거하여, 언어에 대한 소쉬르와 비트겐슈타인의 사상이 서로 무관하다는 것은 이론의 여지가 없는 것으로 보인다.

이들 두 사람의 상이한 학문적 경로는 교차한 적이 없지만, 그들의 선회와 전환은 몇 가지 외형적인 유사성을 보인다. 두 사람은 부유하고 재능이 있는 가문 출신이다. 둘은 학자들을 괴롭힌 매우 탁월한 초기 업적으로 이름을 떨쳤다. 비트겐슈타인의 『논리-철학 논고』(*Tractatus Logico-Philosophicus*)는 32살에 『자연철학 연보』(*Annalen der Natürphilosophie*)에 실렸고, 소쉬르는 겨우 21살 일 때 그의 『인구어의 원시모음체계에 관한 논고』(*Mémoire sur le systéme primitif des voyelles dans les langues indo-européennes*)를 출판했다. 그런데, 주요 인물이라는 그들 각각에 대한 궁극적인 평가는 사후에 출판된 후기 업적에서 기인한다: 소쉬르의 경우에는 『일반언어학 강의』(*Cours de linguistique générale*), 비트겐슈타인의 경우에는 『철학적 탐구』(*Philosophische Untersuchungen*)이다. 또한 둘의 경우에 초기 작업과 후기 작업 사이의 관련성이 논쟁

리적 대응물과의 연관이 이루어질 때 비로소 의의있는 표현이 된다. 이들은, 기존의 명목론이나 실재론과는 달리, 의미 삼각형이라는 도식을 통해서 어떤 하나의 표현과 그 표현이 나타내는 의미의 관계에서, 심리적 실체인 인간의 마음 속에 구체화된 개념을 매우 중요하게 고려하여, 언어의 본질 및 기능을 심리학적으로 고찰하였다.

의 문제가 된다.

한 가지 해석에 따르면, 소쉬르와 비트겐슈타인은 모두 그들의 학문 활동 과정에서 완전한 방향 전환을 한 것으로 생각될 수 있는데, 각기 하나의 언어관으로 시작해서 완전히 다른 관점에 동의해서 그것을 거부하는 것으로 끝난다. 다른 해석에 따르면, 그와 반대로, 주장되는 초기 소쉬르와 후기 소쉬르의 차이는 초기 비트겐슈타인과 후기 비트겐슈타인의 차이처럼 너무 과장되어 있다. 그래서 어떤 비평가는 각 사상가의 작업을 본질적으로 연속적인 것으로 보는 반면에, 다른 비평가들은 불연속적일 뿐만 아니라 초기에 주장한 입장과 완전한 반대라고 본다.

그러나 두 사람의 사려 깊은 작업이 그들 각자의 학문 분야에 혁명적인 충격을 주었다는 점에는 일반적으로 동의한다. 게오르그 폰 라이트[2]는 후기 비트겐슈타인에 대해 '그는 사상사에 아무

---

2) von Wright, Georg Henrik(1916–). 비트겐슈타인과 무어의 영향을 받은, 논리 실증주의에 뿌리를 두고 있는 핀란드의 가장 저명한 철학자이자 논리학자로서, 『귀납의 논리적 문제』(The Logical Problem of Induction, 1941), 『규범과 행위』(Norm and Action, 1971), 『자유와 한정』(Freedom and Determination, 1980)과 같은 저서를 통해 철학의 여러 분야에 많은 공헌을 하였다. 1946년부터 1961년까지 헬싱키 대학에서 철학 교수로 있었는데, 1948년에는 비트겐슈타인의 후임 교수로 초청을 받아 3년 동안 캠브리지에서 가르치면서 비트겐슈타인과 밀접한 관계를 맺으며 작업했다. 비트겐슈타인이 죽은 1951년에 헬싱키 대학으로 돌아갔다. 비트겐슈타인의 『확실성에 관하여』를 G. E. M. Anscombe와 함께 편집하였다. 비트겐슈타인은 자신의 사후에 자신의 미간행 원고를 이해하고 논할 사람으로 G. E. M. Anscombe, Rush Rhees, G. H. von Wright를 직접 선택하였다.

런 선조도 없고, 그의 작업은 기존의 철학 경향과 완전한 결별을 뜻한다'고 썼다.(Fann 1967: 23) 적절히 바꾸면, 후기 소쉬르와 언어학에 대해서도 똑같이 말할 수 있다. 원숙기에 소쉬르와 비트겐슈타인은 둘 다 언어를 우리 주위의 세계를 이해하는 열쇠인 것으로 본다는 점에서 일치한다. 더욱이 두 사람은, 이러한 언어의 중추적 역할을 가정할 때, 자신의 분야에 대한 학문적 기반을 어떻게 설정할 수 있을까라는 문제에 깊이 관여했다.

이러한 관심의 한도를 평가하기 위해서는, 19세기 유럽의 대학들에서 통용되던 언어에 대한 생각들에 의해서 제시되는 공통의 역사적 맥락 안에 소쉬르와 비트겐슈타인의 작업을 위치시키는 것이 중요하다.

◇ ◇ ◇

19세기 서구 철학은 수 세기 동안 사실상 도전 받지 않아 온 언어관에 여전히 동의하고 있었다. 이 관점에 따르면, 사고와 언어는 별개의 활동이었다: 언어는 단어로 하는 활동이고 사고는 개념으로 하는 활동이었다: 단어는 개념에 종속되지만, 개념은 단어에 종속되지 않는다. 개념은, 감각에 의해 지각된 것으로서의, 외부 세계의 실재물들, 속성들, 그리고 관계들을 의미하는 것으로 간주되었다. 마음에서, 이러한 개념들은 긍정적으로 또는 부정적으로 명제에 통합될 수 있다. 따라서 'John is dishonest(존은 부정직하다)'라는 명제에서, 별개의 개념인 'John'과 'dishonesty'는, 마음에서 특정한 방식으로 통합되고 그것들 사이의 특정한 관련성이 획득된 것으로 간주된다. 이 관련성은 'John is not dishonest(존은 부정직하지 않다)'에서는 부정된다. 이러한 정신 작용들은 개념을 단어로 표현하지 않은 채 수행될 수 있다고 가정되었다. 비슷하게, 비-언어적으로 추론하는 것이 가능하다. 그래서 'John is dishonest(존은 부정직하다)'로부터 'John should not be placed in a position of trust(존은 책임 있는 자리에 두어서는 안 된다)'를 추론하는 것은, 아무런 언어의 매개 없이도 가능한, 하나의 판단에서 다른 판단으로의 정신적 추이로 생각되었다.

언어는 한 사람이 다른 사람에게 생각을 전달하고자 할 때만 이러한 그림에 들어간다. 따라서 내가 누군가에게 존은 부정직하다는 내 판단을 전달하고자 하면, 나는 'John is dishonest(존은 부정직하다)'라는 단어들을 발화함으로써 그렇게 할 수 있다. 그런데, 예상되는 것처럼, 영국인에게 말하고 있느냐, 프랑스인에게냐, 독일인에게냐 등등에 따라 또한 다른 여러 가지의 언어로 동일한 판단을 표현할 수 있다. 그래서 판단은 하나의 특정한 단어 형태와 연결되지 않는다. 어떤 언어라도, 선택된 언어가 내가 전달하고자 하는 생각들에 대한 단어와 원자적 요소인 개별 단어들을 적절하게 결합하도록 하는 문법적 장치까지 가지고 있으면, 가능할 것이다. 이 단어들은 다시, 나라마다 다른, 순전히 관습적이고 역사적으로 우연한 관련성에 의해서 관련된 생각들과 결합되어 있다. 간단히 말해서, 문장에 대한 이론은, 문장이 판단을 기호화한다는 것, 그리고 그 문장이 관련된 기호에, 즉 그 언어에 익숙해 있는 누구에 의해서나 해석될 수 있다는 것이다. 혹은, 적어도 이것이 철학적으로 이상적인 메커니즘이다. 그런데, 철학자에 따르면 이 이상적인 메커니즘이 실제로 항상 유효하지는 않아서, 사용된 단어가 그에 대응되는 사고나 정신 작용을 충실히 반영한다고 추정하는 데에는 상당한 주의를 기울일 필요가 있다.

이러한 비신뢰성은 사실상 언어가 철학적 관심의 주제가 된 주요한 이유들 중의 하나이다. 언어의 신뢰성에 대한 회의는 철학적 전통에서 적어도 베이컨[3]까지 소급된다.(Harris 1981: 1ff) 그런데 여기에서는, 철학적 전통에 따라 언어가 오해를 불러일으킬 수 있는 두 가지 방식을 구분하는 것이 중요하다. 한편으로는, 단어와 실재 사이의 대응의 실패이다: 이러한 예로 가장 분명한 것은 존재한다고 잘못 믿지만 분명히 존재하지 않는 어떤 것에 대한 단어가 있는 경우이다. 예를 들어, 단지 물질의 이름이라고 알려진 영어 단어 *phlogiston*이 있기 때문에 플로지스톤이라는 물질이 있다고 믿는 것은, 언어에 의해 오해하게 되는 한 가지 방식이다. 그러한 경우에 단어와 생각 사이에는 불일치가 있지 않다: 생각과 실재 사이에 불일치가 있는 것이다. 비슷하게, 지구가 평평하다고 믿었던 시기에, 지구라는 단어를 '인간이 살고 있는 평평한 땅 덩어리'를 의미하는 것으로 정의한 사전의 정의는, 그 정의가 지구에 대한 사람들의 생각과 일치하지 않기 때문에 잘못된 것이 아니라 지질학적 사실과 일치하지 않기 때문에 잘못된 것이다.

이러한 경우들은 다소 다른 범주의 언어적 불일치와 구별되어

3) Bacon, Francis(1561－1626). 영국의 정치가, 법률가, 철학자로서 인간의 인식에 장애물이 되는 네 가지 우상(idola)을 지적하였다. 그 중에서 '시장의 우상'은, 잘못된 가정에 근거하고 그것을 영속화시키기 때문에 사람들을 잘못 판단하도록 하는 언어(표현)에서 기인한다고 하였다.

야 하는데, 오해하게 하는 것은 생각이 아니라 그것이 언어적으로 표상되는 방식이다: 달리 말해, 잘못된 것은 표현에 대한 문법이다. 이러한 종류의 유명한 예가 1660년의 포트 로얄 문법4)에 언급되어 있다. 그것은 정관사의 사용에 관한 것이다. 포트 로얄 문법에 따르면, 정관사는 명사가 특정한 예가 많이 있을 수 있는 것을 나타낼 경우에만 사용될 수 있다: 예를 들면, *the house*(집들이 많이 있음) 혹은 *the man*(사람들이 많이 있음). 그러므로 정관사를 고유 명사에 사용하는 것은 부적절한데, 고유 명사는 나타내는 것이 유일한 것이기 때문이다. 주장하는 바에 따르면, 예를 들어 'Shakespeare wrote *Hamlet*(셰익스피어가 햄릿을 썼다)'이라고

---

4) 본래 포트 로얄(Port Royal)은 13세기 초에 파리 근처에 세워진 수도원의 이름이다. 언어학에서 포트 로얄은 17세기 중반에 그 수도원에 속한 일단의 얀센파 수도사들을 지칭하는 것으로, 그들의 공동체는 당시의 지적 활동의 중심이었다. 란셀롯(Claude Lancelot)과 아놀드(Antoine Arnauld)의 언어에 대한 몇 권의 저술은 당시에 매우 영향력이 있었는데, 특히 1660년의 『일반 문법과 이성』(Grammaire Genérale et Raisonée; GGR)이 가장 유명하다. 포트 로얄 문법이라고 하면 일반적으로 이 책을 의미하는데, 이 책은 이후 150년 동안 프랑스에서 언어 연구의 방향을 규범주의(prescriptivism)로부터 언어 자체에 대한 관심으로 돌려 놓았다. 포트 로얄 공동체의 언어에 관한 저술은 아동과 아동을 교육하는 방식에 관한 그들의 생각에서 비롯하였다.

GGR은 150쪽 정도의 작은 책으로서 두 부분으로 나뉘는데, 첫 부분에서는 언어의 물리적 측면을 간략히 개관하였다. 이 책의 핵심은 둘째 부분인데, 발화(speech)의 다양한 부분들을 '보편적' 관점에서 분석하고 있다. 특히 아놀드의 관계절 분석에 적용된 생략(ellipsis)의 개념은 변형문법의 선조를 찾던 언어학자들의 관심을 자극했다. 1960년대 중반에 촘스키(Noam Chomsky)에 의한 이들의 '재발견'은 그 시기의 언어학사에 대한 관심을 일깨웠다.

하지 'The Shakespeare wrote the *Hamlet*(그 셰익스피어가 그 햄릿을 썼다)'이라고 하지 않는 이유는 *Shakespeare*가 저자의 고유 명사이고 *Hamlet*이 그의 희곡에 대한 고유 명사이기 때문이다. 그런데 이탈리아어에서 일반적 용법은 정관사를 잘 알려진 개인의 특정 고유 명사와 함께 사용한다. 예를 들면, *Dante*(단테)이다. 포트로얄 문법가에 따르면, 이것은 이탈리아인이 *Dante*(단테)라고 불리게 된 『신곡』(*Divina Commedia*)의 저자가 여럿이라고 잘못된 생각을 가지고 있기 때문이 아니다. 단지 이탈리아어의 용법이 몇 가지 독특한 이유들로 정관사를 이러한 예에서 정확하게 사용하지 못하기 때문이다. 그러므로 여기에서의 불일치는 생각과 실재 사이보다는 생각과 그것의 언어적 표현 사이에 있다. 이러한 두 유형을, 전자는 '사실적 오표상(factual misrepresentation)'이라고 하고 후자는 '개념적 오표상(conceptual misrepresentation)'이라고 해서 구분하는 것이 유용할 것이다. 이 용어를 사용하면, 프랑스어 문법이 단어 *professeur*(교수)에 남성을 할당하면, 이중의 오표상이 초래된다고 할 수 있다. 문법적 남성이 실제의 남성을 뜻한다고 간주되면, 여기에서의 프랑스어 문법은, *le professeur*로 지칭될 수 있는 많은 사람들이 실제로 여자인 한, 사실적 오표상이 초래된다. 더욱이 프랑스어 화자들이 교사가 되기 위해서는 남자이어야 한다고 믿지 않는 한 개념적 오표상도 있다. 교사에 대한 그들의 생각은 여성 교사의 가능성을 배제한 것이 아니다.

그러므로, 19세기에는, 말하자면 언어와 진리 사이에 이중적인 틈이 있었다. 한 가지 틈은 언어 표현과 표현된 생각 사이의 잠재적 불일치이었다. 다른 틈은 생각 자체와 문제의 사실 사이에 있었다.

이러한 것들과 이와 관련된 문제들에 대해서, 19세기의 철학은 19세기 언어학(philology)[5]의 전폭적인 후원이 있었다. 19세기 언어학(philology)은 대부분의 언어적 사실이 문화 발전의 단순히 우연한 부산물이라는 관점에 근거했다. 독일과 프랑스의 비교언어학자들은 언어가 예측불가능한 우연한 음성적 변화에 크게 좌우되었다고 믿었다. 그들은 이러한 관점을 옹호하면서 경험적 증거의 대부분을 인용할 수 있었는데, 특히 어원 연구의 증거를 인용했다. 따라서 그들은, 예를 들어, 영어 단어 *race*가 한편으로는 '경쟁'을 다른 한편으로는 '사람, 국가'를 의미하는 이유가, 두 개념 사이의

---

5) 본래는 어떤 민족의 정신 문화가 기록된 문헌을 연구하는 학문인 문헌학을 뜻했으나, 그 민족의 언어에 대한 연구도 지칭하게 되었다. 주로 고전 언어를 연구 대상으로 했으나 후에는 언어 연구 자체가 주요한 목적이 되어 오늘날과 같은 '언어학(linguistics)'의 의미로 사용되기에 이르렀다.

19세기는 비교언어학(Comparative Philology)의 전성기였다. 비교언어학자들은, 서로 다른 언어나 방언이 동일한 조어(parent language)에서 갈라졌다고 가정하여, 개별 언어들에서 비슷한 의미를 가진 단어들을 조사해 이들 언어 사이의 음성적 대응과 규칙을 발견하여 조어를 재구성한다.

이 책에서는 philology와 linguistics를 구별하여 사용하고 있는데, 비교언어학과 같은 언어의 역사적 연구가 주된 흐름이었던 19세기의 언어 연구는 philology라고 하고, 언어 그 자체만을 연구 대상으로 하여 그 본질을 과학적으로 밝히려는 그 이후의 언어 연구는, 특히 소쉬르 이후의 과학적 언어 연구는, linguistics라고 하고 있다. 이 둘을 구분할 적절한 우리말 용어가 없어서, 둘 다 언어학으로 번역하고 philology의 경우에만 괄호 안에 영어를 적어 구분했다.

어떤 관련성과는 무관하게, 고대 노르웨이어 단어 *ras*와 아주 다른 고대 프랑스어 단어 *race*의 음성적 합류의 우연한 결과라는 것을 지적할 수 있었다. 전문적으로 '동음이의어(homonymy)'라고 알려진 이러한 종류의 현상은, 언어 표현이 마음의 작용과는 무관하게 그 자체의 발전 과정을 따른다는 것을 꽤 분명히 보여 주는 것 같다. 결과적으로, 언어와 사고 사이의 어떤 직접적인 일치를 기대하기는 불가능했다.

비교언어학자들에게 이것을 확신시킨 것은, 예를 들어, 산스크리트어와 라틴어 혹은 라틴어와 프랑스어의 형태들 사이의 관련성을 순전히 음성적인 규칙들만을 언급해서 설명하는 것이 가능하다는 발견이었다. 달리 말해, 어떤 단어가 의미하는 것, 혹은 어떤 구성이 의미하는 것은 분명히 아무런 차이가 없다: 언어 형태의 발전과 존속은 그 의미와 아주 무관한 요인들에 달려 있었다. 그것은, 비교언어학이 영어, 라틴어, 그리스어, 산스크리트어처럼 다양하고 서로 이해할 수 없는 언어들이 어떻게 인류 역사에서 상대적으로 짧은 기간 동안에 동일한 공통 조어로부터 진화했는가를 설명할 수 있는, 유일한 가정이었다. 고전적인 예를 들면, 라틴어 단어가 뒤에 모음 *a*가 오는 (고전 라틴어에서 *c*로 쓰는) 자음 *k*로 시작하면(단어 *canis* '개', *carus* '연인'에서처럼), 파생된 프랑스어 단어는 (현대 프랑스어에서 *ch*로 쓰는 *chien* '개', *cher* '연인'처럼) 치찰음으로 시작한다는 것을 보일 수 있다. 문제의 단어들이 아주 별개의 의미('개'와 '연인')를 가진다는 사실이 결국 두 단어가 정확히 동일한 과정의 음성적 변화를 겪게 됨을 막지는 못한다. 19세기 언어학(philology)의 가장 위대한 성취는, 단순히 이러한 종류의 일이 한 문명에서 기록이 남아 있는 시기에 실제로 일어났었다는 것뿐만 아니라, 그것이 동일하거나 비슷한 과정을 통해 모든 문명에서 모든 시기에 끊임없이 계속된 것으로 보인다는 것을 입증한 것이었다. 그것이 왜 일어났는가는 아무도 설명할 수 없었지만, 그것이 일어났었고 규칙적으로 일어났었다는 것은 미해결의 문제인 것 같지 않았다.

따라서, 19세기에는 언어와 사고의 관련성이라는 문제에 관한 철학과 언어학(philology)의 지적 공감대라고 기술할 수 있는 것이 보인다. 둘 다 실재와 언어 표현 사이의 이중적 분열을 인정하는 데에 동의했다: 한 가지 틈은 단어와 생각 사이에, 다른 틈은 생각과 사실 사이에 있다. 그런데 이 이중적 분열은 두 학문 분야에 심각한 문제를 던졌다. 철학의 경우에, 문제는 다음과 같다. 인간 언어가 본질적으로 진리에 대해 신뢰할 수 없는 안내자라면, 어떻게 철학 자체가 이성적 논의라는 것에 대해 어떤 확신을 가질 수 있는가? 달리 말해, 철학자에게는 언어의 문제가 바로 철학의 본질과 지위에 관한 문제가 된다. 언어학자의 경우에, 문제는 다르지만 비슷하다. 언어가 실재와 직접 연결되지 않고 단지 자의적이고 계속 변하는 것이라면, 어떻게 언어학을 과학적인 연구 형태로 설정할 수 있는가? 달리 말해, 어떻게 언어 현상을, 단순히 그것의 존재에 주목하고 그 존재를 기록하는 것과는 구별되는 것으로서 설명할 수 있는가? 이것이 소쉬르와 비트겐슈타인이 물려받은 한 쌍의 문제였다. 두 사람은 자신들이 제시한 답변의 독창성으로 20세기 사상에 심대한 영향을 주었다.

2

이름과 유명론

아마도 소쉬르와 비트겐슈타인 사이에 가장 분명한 연결부는 언어에 대한 착각을 보이려는 그들의 공통 관심이다. 이 공통의 공격 목표 중에서 가장 중요한 것은, 단어가 본질적으로 언어에 앞서 이미 존재하는 대상물이나 속성의 이름으로 기능한다는 관점이었다. 『일반언어학 강의』와 『철학적 탐구』의 놀라운 유사성은 두 작업에서 저자의 주요 명제(thesis)가 '반-유명론자'로 기술될 수 있는 논증의 방식을 통해 도입되고 있다는 것이다.

유명론(nomenclaturism)[6]은 서구 언어학 전통에서 오랜 역사를 가지고 있다. 가장 오래되고 유명한 형태는 창세기 2장에 나오는

---

6) 보편자는 이름(언어적 표현)일 뿐이라고 하며 그 실재를 부정하고, 실재는 오로지 개별자들로만 구성되어 있다고 보는 존재론(본체론)으로서, 실재론과 대립한다. 명목론이라고도 한다. 유명론적 입장에서, 보편자는 실재성이 없고 오직 개별자만이 실재하고, 보편 개념은 구체적인 사물들로부터 추상된 이름일 뿐이다.

것인데, 언어의 기원이 다음과 같이 기술되어 있다.

> 하나님이 흙으로 각종 들짐승과 공중의 각종 새를 지으시고 아담이 어떻게 이름을 짓나 보시려고 그것들을 그에게로 이끌어 이르시니 아담이 각 생물을 일컫는 바가 곧 그 이름이라.
>
> 아담이 모든 육축과 공중의 새와 들의 모든 짐승에게 이름을 주니라

창세기의 이 두 절이 서구 언어학사에 미친 영향을 과장해서 말하기는 어려울 것이다. 현대 언어학의 발달은 부분적으로 언어의 기원에 대한 성경의 설명과 그 이후의 해석에 대해 계몽주의 철학자들이 느낀 불만에서부터 이루어졌다.(Aarsleff 1982) 아담(Adamic)이라는 용어가 명제(thesis)를 기술하면서 나타났는데, 그것은 18세기와 그 이전에도 널리 받아들여진 것으로, 본래 에덴동산에서 사물들은 그것들의 올바른 이름으로 불렸고 그 이름은 그것들의 참된 본질을 반영한다고 추정하는 명제(thesis)이다. 이 '상실한 지식'의 회복이 언어 연구의 신성한 성배인 것이다.

언어에 대한 이러한 준-신비주의적 접근은 대단히 완강한 것으로 드러났는데, 부분적으로 일단의 계몽주의 철학자들 자신이 언어가 신의 선물이라는 관점에 공감하고 있었기 때문이다.(Juliard 1970) 언어가 신의 선물이라는 것을 인정하면, 지혜에 이르는 길은 아마도 이 선물의 본질을 이해하고 그것을 남용하지 않도록 하는 것일 것이다. 이것은 1851년에 출판된 트렌치[7]의 책 『단어

7) Trench, Richard Chevenix(1807－1886). 영국의 시인이자, 신학자이자, 언어 연구가로서, 더블린의 대주교를 지냈다. 트렌치는 19세기 중반 영국

의 연구에 관하여』(*On the Study of Words*)의 저변에 여전히 깔려 있는 명제(thesis)이다. 그것의 중요성은, 트렌치가 제일의 성공회 신학자로서 빅토리아 시대에 『옥스퍼드 영어 사전』(*Oxford English Dictionary*)의 출판을 이끈 운동에서 가장 중요한 인물들 중의 하나가 되었다는 것이다. 트렌치는, 정확하게 이해한다면 영어가 하나님이 주신 말씀을 담고 있다는 것을 의심하지 않았다: 책이 되어 나온 본래의 강의 제목은 '지식의 도구로서 언어에 관하여'(On language as an instrument of knowledge)였다. 트렌치의 글을 읽은 사람은 누구라도, 계속 투쟁해 와서 17세기 왕립학회(Royal Society)의 창설로써 영국에서 승리했다고 많은 사람들이 생각한 과학적 지식의 본질에 관한 전쟁이, 백년도 되지 않아 마침내 『옥스퍼드 영어 사전』을 빅토리아 여왕이 공식적으로 인정했을 때에, 여전히 지속되고 불안한 상태에 있다고 생각할 수밖에 없었다. 어떤 의미에서 서구 전통에서 인간의 지식에 관한 논쟁은 모두 항상 단어와 세계의 관련성, 언어와 실재의 관련성을 맴돌았다. 이것이 유명론자의 명제(thesis)가 언어학과 철학 모두에서 많은 문제들에 중심적이었고, 계속해서 중심적이었던 이유이다.

그런데, 서구의 유명론이 주로 어떤 특별히 유명한 종교적 텍스트의 권위를 인정한 산물이라고 추측하는 것은 잘못인 것 같다. 그것은 또한 기원적으로 성경의 권위와 관계가 없는 서구 전통의

의 사전편찬의 문제점들을 지적하였는데, 특히 어휘의 용법에 대한 불충분함, 실제 어휘에 대한 정보는 적고 그 이외의 것들에 대한 정보가 너무 많은 백과사전식의 편찬 경향, 등의 문제점들을 지적하였다. 그는, 필요한 것은 보충이 아니라 전혀 새로운 사전이라고 하며, 영국의 언어학회를 설득하여 『옥스퍼드 영어 사전』의 편찬을 이끌었다.

한 흐름에서 아주 초기에 나타난다. 그것은 고대 그리스와 플라톤에게 소급되는 철학적 전통이다. 이미 기원전 4세기에, 플라톤의 대화 『크라틸루스』(*Cratylus*)[8]에서, 언어가 인간에게서 기원한 것이 아니라는 믿음이, 언어를 이해하는 것은 어떻게 이름이 그 이름을 가진 것과 관계되는가를 이해하는 것이라는 믿음과 함께하고 있음을 보게 된다.

『크라틸루스』에서 신화적인 언어의 창조자는 단순히 '이름을 만드는 자'(name-maker)라고 불린다. 그가 언어를 만들게 된 방법을 우리는 결코 들은 적이 없지만, 그가 말을 무작위로 만들지는 않았다고 추정된다. 오히려, 그는 사물에 이름을 할당하면서 어떤 기본적인 타당성의 원리를 따랐을 것이다. 그러나 인류 역사의 과정에서, 용법은 언어를 변질시키는 힘을 발휘했고, 이 본래의 원리는 더 이상 관찰되지 않는다. 따라서 대화에서 주로 관심을 가진 문제가 발생한다: '이름의 정확성'의 문제이다. 처음부터, 이것이 논쟁이 될 만한 문제라는 것은 분명하다. 대화에서, 참여자의 한 사람인 크라틸루스는 '자연적 유명론'이라 불리는 입장을 옹호한다. 그는 다음과 같이 주장했다.

> 만물은 그 자체의 바른 이름이 있는데, 그것은 자연에서 온 것이다. 이름은 사람들이 단지 그들 자신의 음성의 일부를 사물에 적용한다는 합의에 의해서 사물을 칭하는 그 어떤 것이 아니다. 이름에는 일종의 고유한 정확성이 있는데, 그것은 그리스인이건

---

8) BC 360년경의 플라톤의 초기 저작으로서, 소크라테스(Socrates), 헤르모게네스(Hermogenes), 크라틸루스(Cratylus) 세 사람이 언어의 기원, 파생, 의미 등에 대해서 대화하는 형식으로 이루어져 있다.

야만인이건 간에 모든 사람들에게 동일하다.

(『크라틸루스』 383, A/B)

이러한 학설이 성경의 설명에 분명히 표현되어 있지는 않다. 창세기의 저자는 아담이 동물들에게 '정확하게' 이름을 붙였는가 그렇지 않은가, 그가 어떤 원칙에서 이름을 할당했는가에 대한 문제는 논의하지 않았다. 그러나 나중에는 아담이 붙인 본래의 이름이 문제의 피조물의 본성에 적절하게 일치한다는 의미에서 틀림없이 '정확한' 이름이었을 것이라고 자주 추정되었다. 따라서 아담은 과거로 소급해서 첫 자연적 유명론자라는 역할에 뽑혔다. 이러한 가정은, 예를 들어, 본원적 자연-언어(Natur-Sprache)에 대한 뵈메[9]의 신념의 기반이었다.(Aarsleff 1982: 87ff)

플라톤의 대화에서, 자연적 유명론은 이름이 단지 인간의 편의에 맞게 고안된 자의적인 음성적 명칭이라는 관점에 반대되는 입장이다. 이러한 관점은 크라틸루스의 반대자인 헤르모게네스가 취한 입장인데, 그는 '당신이 사물에 부여하는 이름은 무엇이든지 간에 그것의 올바른 이름이다'라고 주장했다. 헤르모게네스의 경우에, 이름을 결정하는 것은 신화의 이름-부여자에게 있다고 생각되는 종류의 특별한 전문성을 필요로 하지 않는다. 그리고 명명

---

9) Böhme, Jacob(1575－1624). 독일의 신비주의 철학자. 그는 자신의 신비적 체험을 기초로, 성경 외에는 어떤 다른 저작들도 인용하지 않으며 독자적인 사상을 전개하였다. 그는 신과 자연을 동일시하였으며, 자연은 기호를 통하여 인간에게 말하거나 계시하지만, 모순이 현실의 모든 현상들에 필연적인 계기로 포함되어 있다고 하였다. 그리고 의미는 신 안에서 찾아지며 인생의 목적은 모순에 의해 상실된 통일성을 되찾는 것이라고 하였다.

된 사물이나 사람의 본질에 대한 탐구도 필요하지 않다. 하나의 이름은 다른 것과 똑같이 좋다. 따라서 갈등은 자연적 이름에 대한 이론과 자의적 이름에 대한 이론 사이에 존재하는 것으로 플라톤에 의해서 제시되었다. 비록 그러한 갈등이 창세기에 나오지는 않지만, 성경의 설명은 적어도 다음과 같은 사항들에서 플라톤과 일치하는 것 같다. 첫째로, 이름은 그 이름으로 명명된 사물(사람, 등)과 어떤 관련성이 있는 말로 생각된다. 둘째로, 이런 식으로 명명된 사물들은 독립적으로 주어졌다. 즉, 그것들은 이름이 붙여진 것과는 독립적으로 존재하고, 그것들에 할당된 어떤 특정한 이름과 무관하다.

이러한 두 가지 가정은 자연적 유명론자와 그 반대자 사이에, 그리스-로마 시대에나 그 이후에도, 결코 문제가 되지 않았다. 예를 들어, 로크[10]는 단어가 '사람들의 고유한 생각들만을 의미하는

---

10) Locke, John(1632－1704). 영국의 철학자이자 정치사상가로서, 계몽철학 및 경험론 철학의 원조라 일컬어진다. 언어 사상의 맥락에서, 로크는 언어의 의미에 대한 경험론적, 유심론적 설명과 언어의 유효성을 의사소통적 이해의 수단으로 간주한 회의론적 결론으로 가장 잘 알려져 있다. 그는『인간오성론』(*Essay Concerning Human Understanding*)에서 언어를 지식의 전달과 습득에 대한 불완전한 수단으로 간주하고 언어 문제를 논의했다.

그는 언어와 의미를 자유의지를 부여받은 개별 행위자들에 의해 수행되는 자유의지에 의한(자의적) 행위로 기술하고, 단어가 어떤 생각을 의미하는가는 사용자의 마음 안에 있는 생각을 나타내기 위해 그 단어를 사용하는 사용자의 자의적 행위에 달려 있다고 했다. 그래서 한 사람의 마음 안에 있는 생각이 다른 사람의 마음 안에 있는 생각과 같다는 근거가 없다고 한다.

데, 완전히 자의적인 부가에 의한 것이다'라고 주장했지만(1706: 3.2.8), '고유한 생각'들이 다시 감각에 의해 파악되는 기존의 사물들로부터 파생되었다는 것은 인정했다. 이것은 **명목적 본질**(nominal essence)과 **실재적 본질**(real essence)의 로크식 구별에서 중요하다. 따라서 로크는 다음과 같이 말했다.

> 금의 명목적 본질은 금이라는 단어가 나타내는, 예를 들어 노란색, 일정한 무게, 가단성, 이융성과 응고성이라고 할 수 있는, 복합적 생각이다. 그러나 실재적 본질은 그 본체의 파악하기 힘든 부분들의 조직인데, 거기에 금의 그러한 특질들과 그 밖의 모든 속성들이 속해 있다. (1706: 3.6.2)

라이프니츠[11]는, 로크의 관점인 자의적 이름을 거부했는데, '단어의 기원에는 사물과 소리와 발음 기관의 운동 사이의 관계를 나타내는 어떤 자연적인 것'이 있다는 명제(thesis)에 찬성하여 그렇게 했고, 아슬레프(Aarsleff)가 고찰한 것처럼, 그래서 '언어의 본질에 대한 수정된 형태의 플라톤적 학설'로 돌아갔다.(Aarsleff 1982: 88) 그러나 로크도 라이프니츠도, 로크의 예로 말하자면, 문제가 되는 것이 단어 **금**이 금과 관련되는 방식이라는 생각에 대

11) Leibniz, Gottfried Wilhelm(1646-1716). 독일의 철학자, 수학자, 자연과학자, 법학자, 신학자, 역사가, 언어학자. 라이프니츠는 단어의 의미가 완전히 자의적이라는 견해에 반대하였고, 본원적 언어에서는 단어와 그 의미 사이에 항상 자연적 대응이 있을 것이라고 하였다. 그가 언어 발달에서 약정적(관습적) 측면이 나타날 수 있음을 부정하지는 않았지만, 단어와 그 원천 사이에는 인과적 관계가 항상 남아 있을 것으로 가정하였다.

해서는, 혹은 금의 본질이 어떠한 경우에나 그 단어와 무관하다는 생각에 대해서는 문제를 제기하지 않았다.

간단히 말해서, 로크와 라이프니츠는, 크라틸루스와 헤르모게네스와 마찬가지로, 본질적으로 대리주의자(surrogationalist)의 언어관을 택했다. 대리주의(surrogationalism)는 단어가 우리에게 의미가 있는 것은 단어가 무엇인가를 '나타내기'—대리하기— 때문이라는 원리를 공리로 받아들인다. 따라서 핵심적인 문제는 언제나 '이 단어는 그것이 나타내는 것과 어떻게 관계되는가?'이다. 이 문제는 다시 두 부분으로 혹은 더 자세한 두 문제로 나뉜다. 하나는 '이러한 관련성이 일종의 자연적 관계에 따라 결정되는가?'이다. (이것은 20세기에 언어 기호의 자의성에 대한 소쉬르식의 원리로 표면화되는 문제이다.) 다른 문제는 '단어가 나타내는 것이 무엇인가?'이다. (특히, 그것이 세계에 독립적으로 존재하는 어떤 것을 나타내는가? 혹은 단순히 마음속의 생각을 나타내는가?) 이 더 자세한 문제에 대한 상이한 대답이 서로 다른 형태의 대리주의를 구분하는 것이다.

◇ ◇ ◇

이것이 소쉬르와 비트겐슈타인에 의해 진전된 논의에서 살펴보아야 하는 역사적 배경이다. 비록 『일반언어학 강의』와 『철학적 탐구』는 모두 반-대리주의이지만, 그들이 공격한 대리주의의 형태는 다르다.

비트겐슈타인은, 아우구스티누스(Augustine)가 아이일 때 처음으로 발화의 중요성을 파악한 방법에 대한 설명이 나와 있는 성 아우구스티누스의 문구를 인용하면서 『철학적 탐구』를 시작한다.

> 그들(어른들)이 어떤 대상을 명명하고 그것 쪽으로 몸을 돌렸을 때, 나는 이것을 보고 그들이 그것을 가리키고자 했을 때 그들이 낸 소리로 그것이 불린다는 것을 파악했다. 그들의 의도는, 모든 민족들의 자연발생적 언어가 그렇듯이, 그들의 신체적 움직임에 의해 드러났다: 얼굴의 표정, 눈짓, 신체의 다른 부분들의 움직임, 목소리의 어조 등은 어떤 것을 열망하거나 간직하거나 거부하거나 피하는, 우리의 마음 상태를 나타낸다. 그렇게 해서 나는 여러 가지 문장 안에서 그 적절한 자리에 되풀이해서 쓰인 단어들을 들으면서, 점차 그 단어들이 어떤 대상을 의미하는지를 이해하는 법을 배웠다. 그리고 나는, 내 입이 이러한 기호들을 발음할 수 있도록 연습한 뒤로는, 내 자신의 소망을 표현하기 위해 그것들을 사용했다. (『고백록』(*Confessions*), I.8)

비트겐슈타인은 이러한 설명에 대해 다음과 같이 말했다.

> 내가 보기에, 이러한 말들은 우리에게 인간 언어의 본질에 대한 어떤 하나의 특정한 그림을 제시한다. 그것은, 언어의 개별 단어들은 대상들을 명명하며, 문장들은 그러한 이름들의 결합이라는 것이다. 언어에 대한 이러한 그림 안에서 우리는 다음과 같은 생각의 뿌리들을 발견한다: 모든 단어는 어떤 하나의 의미를 가지고 있다. 의미는 단어와 서로 관련된다. 그것은 그 단어가 나타내는 대상이다. (『탐구』: 1)

우리는 이것을 『일반언어학 강의』의 '언어 기호의 본질'에 관한 장의 시작 문단과 비교할 수 있다: '어떤 사람들에게 언어는 그 본질에 있어서 하나의 명칭이다. 사물들의 목록에 대응하는 용어들의 목록이다. 예를 들어, 라틴어는 다음과 같이 표상된다:' (『강의』: 97f) 그리고 나서 독자에게는 두 칸의 '그림 사전' 도표가 제시된다. 왼쪽 칸에는 나무 그림과 말 그림이 있다. 오른쪽 칸에는 각기 나무와 말의 반대편에 단어 ARBOR(나무)와 EQUOS(말)가 있다. 소쉬르는 다음과 같이 말했다.

> 이 개념은 몇 가지 반대를 받을 수 있다. 그것은 생각이 단어와는 무관하게 이미 존재한다는 것을 가정한다. 이름이 음성적 대상물인지 심리적 대상물인지는 분명하지 않은데, ARBOR(나무)가 어느 것이나 나타낼 수 있기 때문이다. 더욱이 그것은 하나의 이름과 하나의 사물의 연결이 아무 문제가 없다고 가정하도록 하는데, 이는 사실과는 아주 거리가 멀다. 그럼에도 불구하고, 이러한 단순한 관점은 한 가지 진리를 담고 있는데, 그것은 언어 단위가, 두 요소로 이루어진, 본질에 있어서 이중적이라는 것이다.

그런 다음 『일반언어학 강의』는, 유명론의 틀에 대립되는, 언어 기호에 대한 소쉬르의 관점을 전개하고 있다.

> 언어 기호는 사물과 이름의 연결이 아니라 개념과 청각 영상의 연결이다. 청각 영상은 실제 소리가 아니다. 소리는 물리적인 것이기 때문이다. 청각 영상은 소리에 대한 청자의 심리적 결과인데, 그의 감각의 징표로 그에게 주어진 것이다. 이러한 청각 영

> 상은, 단지 그것이 우리의 지각의 결과에 대한 표상이라는 점에서만 '실체적' 요소라고 할 수 있다. 따라서 청각 영상은 언어기호에서 그것과 결합된 다른 요소와 구별될 수 있다. 이 다른 요소는 일반적으로 더 추상적인 종류인데, 개념이다.
>
> (『강의』: 98)

그러므로 소쉬르에 따르면 언어 기호는, 개인적인 언어 사용자와 관계되는 한, 개념과 청각 영상의 심리적 결합이다. 그러나 이것이 이야기의 전부는 아니다. 왜냐하면, 소쉬르가 『일반언어학 강의』에서 반복해서 주장한 것처럼, 언어 기호를 단순한 개인적 심리의 사실로서 설명할 수 없기 때문이다. 모든 개인은, 언어 사용자로서, 사회적 존재이고, 언어는 무엇보다도 사회적 현상이다. 유명론자의 틀은 따라서 이중적인 결함이 있다. 단어를 사물의 이름으로 투박하게 다룸으로써, 그것은 개인의 관점에서 언어의 실재를 정확히 나타내는 데에 실패했을 뿐만 아니라, 전체적으로 사회적인 측면에서 추상화하는 데에도 실패했다.

소쉬르와 비트겐슈타인이 둘 다 그들 자신의 언어관을 유명론자의 입장과 완전히 대조적인, 혹은 그렇게 알려진, 관점으로 소개하기로 한 것은 분명히 흥미롭다. 무엇보다도 흥미로운 것은 둘 다 이전의 반-유명론의 전통을 말하고 있지 않다는 것이다. 더욱이 비트겐슈타인의 경우에는, 어릴 때의 언어 습득을 어떻게 기억하는가에 대한 아우구스티누스의 언급이 아우구스티누스의 철학 저술이 아니라 자서전에서 나온 것이라는 난점이 있다. 더욱이, '그것은 분명히 어떤 철학자도 고수하지 않는 관점이다.'(Baker and Hacker 1980: xvi) 비트겐슈타인은 아우구스티누스를 편리한 대역으로 이용하고 있는 것 같다. 그리고 최근의 주석가들(Baker and Hacker 1980: 1-27)은 언어에 대한 이 다소 순진한 아우구스티누스식의 그림에 숨겨져 있는 실제의 철학 명제(thesis)를 아래와 같이 증명했다.

아우구스티누스식의 언어에 대한 그림을 공격하면서, 비트겐슈타인은, 실제로는 『논리-철학 논고』에 펼쳐진 자신의 초기 관점을 공격하고 있고, 동시에 다른 철학자들, 특히 러셀[12]과 프레게[13]에 의해 주장된 매우 비슷한 관점을 공격하고 있다. 『논리-철학 논고』에 따르면, '이름은 대상물을 의미한다. 대상물은 그것의 의미[Bedeutung]이다.'(『논고』: 3.203) 더욱이, '단순 명제(요소 명제)는 이름들로 이루어진다. 그것은 이름들의 어떤 한 연관, 연쇄이다 ... 그것은 이름들의 직접적인 결합으로 이루어진다.'(『논고』:

12) Russell, Bertrnad Arthur William(1872-1970). 영국의 수학자, 논리학자, 철학자, 사회사상가. 케임브리지대학 트리니티 칼리지를 졸업하고 여러 해 동안 강사로 근무하였다. 논리학자로서 러셀은 프레게와 같은 입장을 취했는데, 논리 실증주의 철학이 형성되는데 중요한 역할을 수행하였다. 비트겐슈타인은 그에게서 논리학을 배웠고, 그는 비트겐슈타인의 『논리-철학 논고』의 서문을 썼다. 그는 또 G. E. 무어, L. 비트겐슈타인 등과 함께 케임브리지 학파의 일원으로 관념론에 대해 실재론을 주장하였다.

13) Frege, Friedrich Ludwig Gottolob(1848-1925). 독일의 수학자, 논리학자, 철학자. 명제논리와 술어논리를 공리체계로 조직화하여 기호논리학의 길을 열었다. 그는 또 개념에 대한 전통적인 외연과 내포의 구별을 명제로까지 확장, 전자를 명제의 진리치, 후자를 그 의미라고 했고, 표현의 의미에 대해서는 문장의 규칙으로 결정되는 그 의의(sense)와 대상과의 관계에 따른 지시(reference)를 구별하였다.

4.22f.) 그래서 명제(혹은 문장)의 바로 그러한 가능성은 단어가 사물을 나타낸다는 가정에 근거하고 있다. 따라서 『논리-철학 논고』는, 가능한 언어는 모두, 외적인 것에도 불구하고, 아우구스티누스식의 그림에 사실상 들어맞아야 한다고 주장한다. 모든 명제는 실제로 이름들로 구성되고 가능 사실에 대한 기술이다. 이 명제(thesis)는 언어 습득의 기본 메커니즘이 명시적 정의라는 생각과 밀접히 관련된다: 우리는 단어가 의미하는 것을 그것이 나타내는 대상물을 가리키게 함으로써 이해한다.

러셀은 단어가 구체적 사물만이 아니라 추상적 사물도 똑같이 나타낸다고 가정함으로써 단어가 이름이라는 생각을 발전시켰다. 예를 들어, *I am in my room*이라는 문장에서 단어 *room*이 방을, *my*가 나를 나타내기도 하지만, 단어 *in*은 나와 방 사이에 유지되는 관계를 나타내기도 한다. 그래서 아우구스티누스식의 그림은, 러셀에 의해 발전된 것처럼, 이름의 의미로서 물리적 대상물을 가지는 것에만 제한되지 않는다. 이것은 프레게의 경우에도 마찬가지로 진리이다. 프레게가 '대상물'로 간주한 것에는 수, 종류, 선의 방향, 진리값이 포함된다. 그래서 비트겐슈타인이 그의 목표로 아우구스티누스를 선택한 요점은, 비트겐슈타인 자신을 포함해서 철학자들이 가능한 한 많은 유형의 단어와 의미를 다루기 위해서 노력하고, 수정하고, 확대하려고 해 왔던, 원래의, 순진한, 소박한 형태의 관점을 아우구스티누스가 우리에게 보여준다는 것이다.

이제 이 계획이 가진 문제는 그것이 완전히 오도되었다는 것이다. *Julius Caesar*라는 이름과 그렇게 명명된 로마의 정치가 사이의 관계는, 빨간 색과 단어 *red*사이의 관계와 전혀 비슷하지 않고, 더더욱 단어 *five*와 수 다섯 사이의 관계와는 비슷하지 않다. 간단히 말해, 유명론자의 모형에서 비트겐슈타인이 공격하고 있는 것은, 한 가지 유형의 관련성인 이름 관련성이 언어 전체에 대한 의미적 기반을 제공한다는 관념이다. 사실 아우구스티누스가 그렇게까지 말하지는 않았다. 물론, 어린 시절의 언어 습득에 대한 그의 설명이 '원형 이론(proto-theory)'이라고 불리어 온 것을 제공하고(Baker and Hacker 1980: 13), 이 원형 이론이 프레게, 러셀, 『논리-철학 논고』에서 우리가 발견하는 언어 철학의 저변에 깔려 있는 것이다.

소쉬르의 경우에는 다소 다르지만, 비슷하다. 소쉬르의 목표는 쉽게 확인되지 않고, 그의 반대는 비트겐슈타인의 반대와 다르다. 단어 *arbor*(나무)에 대한 유명론자의 설명을 논의하면서, 『일반언어학 강의』는 적어도 '이 순진한 관점이 진리의 한 요소를 포함하는데, 그것은 언어 단위가 두 요소로 이루어진 본래 이중적이라는 관점이다'라는 것을 인정한다.(『강의』: 97－8) 이러한 양보가 소쉬르의 공격 방향과 비트겐슈타인의 공격 방향의 차이를 매우 두드러지게 한다. 소쉬르가 여기에서 비판한 미확인의 유명론자는 적어도 옳은 것이 하나는 있다: 즉 언어 기호의 이중적 특성이다. 그러나 이것은, 정확히, 『철학적 탐구』의 비트겐슈타인이 완전히 잘못된 것으로 간주한 것이다. 간단히 말해서, 비트겐슈타인은 대리주의를 전부 반대한 반면에, 소쉬르는 그것의 한 유형만을 반대했다. 소쉬르는, 단어 *arbor*(나무)가 특정한 개념을 '나타낸다'고 주장한 사람들에 대해서는, 그 개념이 어떤 식으로든 단어 *arbor*(나무)와 무관하게 존재한다고 더 주장하지 않으면, 비판을 하지 않았다.

『일반언어학 강의』에서 혹평된 이 미확인의 유명론자는 누구인가? 비트겐슈타인이 염두에 두었던 사람들이 아닌 것은 거의 확실하다. (소쉬르가 러셀이나 프레게의 저작을 숙지했다는 증거는 없다.) 그가 진정한 언어 과학을 확립하는 데에 해로운 것으로 본 유명론은, 그 주창자들에 의해서 그러한 것으로 분명히 형성된 하나의 언어학적 학설이었는지조차도 의심스럽다. 오히려, 소쉬르가 보여주고 파헤치고자 했던 것은, 19세기 유럽의 대학들에서 설정되어 온 언어학적(philological) 탐구의 전통 전체의 암묵적인 유명론이었다. 비교 언어학자는 두 관점 중의 어느 것에서나 언어들이 독립적으로 비교될 수 있다고 가정해 왔다. 스위트[14)]는 1900년에 다음과 같이 썼다.

> 우리가 우리의 생각을 표현하는 문장이나 단어는 모두, 그것을 이루고 있는 소리에 의한 어떤 일정한 형태와 어느 정도 일정한 의미를 가지고 있다.
>
> 언어 연구에서 첫째는, 언어의 **형식적** 측면과 **논리적**(혹은 심리적) 측면을 각기 구성하고 있는, 형태와 의미의 이러한 이중성을 분명히 깨닫는 것이다.
>
> 언어의 형식적 측면에 대한 연구는 **음성학**, 즉 말소리에 대한 과학에 근거한다. 언어의 논리적 측면에 대한 연구는 **심리학**, 즉 마음에 대한 과학에 근거한다. (Sweet 1900: 1)

---

14) Sweet, Henry(1845－1912). 영국의 음성학자, 영어학자로서 음성학과 영어학 연구에 종사하여 과학적 영어학의 기초를 구축하였고, 일반 음성학의 확립에도 공헌을 하였다. 그가 로마자를 기초로 해서 고안한 음성 표기법은 현재의 국제음성기호(I. P. A.)의 근간이 되었다.

비교 언어학자들의 업적에 의거하여, 신문법학파(Neogrammarian)[15] 들은 단어의 의미와 무관하게 작용하는 역사적인 음성 법칙의 존재를 설정하고자 했다. 그들이 이 노력에서 성공함으로써 스위트가 언어의 '형식적' 측면과 언어의 '논리적' 측면이라고 했던 것이 아주 개별적으로 연구될 수 있다는 관점이 강화되었다. 형태와 의미의 이러한 이론적 분리는, 자연적 유명론의 평판이 떨어지고, 언어에서 형태와 의미의 관계가 일부 소수의 중요하지 않은 예외를 제외하면 완전히 자의적이라는 명제(thesis)를 일반적으로 수용함에 따라, 더 지지를 받게 되었다. 19세기 언어학자들의 일치된 견해는, 휘트니[16]가 1875년에 쓴 것처럼, '개념과 기호 사이에 존재하는 유대는 심리적 연합의 하나일 뿐인데, 예를 들어 기호 5를 그것이 나타내는 수와 연결하거나, 혹은 π를 3.14159+와 연결하는 것처럼, 인위적인 심리적 연합이다'라는 것이었다. (Whitney 1875: 115)

따라서 소쉬르 세대의 대부분의 언어학자들에게 언어 현상에

---

15) 소장문법학파(Junggrammatiker)라고도 일컬어지는 라이프찌히 대학을 중심으로 한 언어학파. 이들은, August Schleicher의 작업을 따라 역사주의만이 과학적 지식 추구라는 목표에 부합하는 방법론이라 확신하고, 역사적 음운론, 형태론, 통사론을 제외한 일체의 언어적 표명을 배제했으며, 주로 인구어족에 관심을 기울였다. 이들은 음운 변화가 예외없는 법칙에 따라서 일어나며, 예외가 있다면 유추에 의해 생긴 것이라고 주장하였다. 소쉬르 역시 이들에게서 언어학적 훈련을 받았다.

16) Whitney, William Dwight(1827－1894). 미국의 언어학자. 산스크리트어 학자로 공적이 크다. 그는 언어를 화자와 청자 사이의 의사전달의 도구로 쓰이는, 복잡하면서도 균형이 잡힌 큰 체계인 하나의 제도이며 문화 그 자체로 보았다.

관한 문제의 두 가지 질서를 구별하는 것이 완전히 논리적—실제로 본질적—이었다는 것은 의심의 여지가 없는 것 같다. 형태로 시작해서 그 의미를 연구할 수도 있었고, 혹은 의미로 시작해서 그것이 어떻게 형식적으로 표현되는지를 연구할 수도 있었다. 스위트는 문법의 탐구에서 다음과 같은 예를 제시한다.

> 언어의 과학적 탐구에서 우리는, 그 언어에 하나만 있다고 가정하는, 주격과 같은 형태를 취해서 그것의 통사적 사용이나 문법적 의미를 조사할 수 있다. 혹은 주어와 서술어의 관계와 같은 문법적 관계를 취해서 어떤 언어에서, 또는 일군의 언어에서, 또는 언어 일반에서, 그것이 문법적으로 표현되는 상이한 방식들을 조사할 수 있다. (Sweet 1900: 7－8)

이것은 소쉬르가 거부한 관점은 어떤 것이든 아주 분명히 예시하는 것 같다. 소쉬르는 이러한 입장이 언어에 대한 유명론적 접근의 타당성을 가정한다는 것을 정확하게 보았다. 그것은 우리가 먼저 주격이 혹은 주격 형태가 무엇인지를 규정하고, 그리고 나서 주어진 어떤 언어에서 그것이 표현되는지 혹은 어떻게 표현되는지를 조사할 수 있다고 전제한다. 이것이 바로 19세기 모든 비교 언어학이 기반으로 삼았던 방법론적 가정이다. 그러나 소쉬르는 그것을 근본적인 잘못이 있는 것으로 보았다: 왜냐하면 우리가 '주격'이라고 하는 문법적 현상(혹은 문법 현상의 범위)은 언어 상대적이기 때문이다. 그것 자체는 언어 보편적이지도, 어떻게 해서든지 보편적으로 적용될 수 있는 것으로 확인된 언어 중립적인 기준의 집합이지도 않았다. 따라서 소쉬르의 경우에, '주격이 라틴어에서 프랑스어로 존속되는가?' 혹은 '얼마나 많은 세계의 언어들이 주격이 있는가?'와 같은 질문을 던지는 것은 아무 의미가 없다. 그리고, 필요한 변경을 하면, '라틴어 단어 *arbor*(나무)가 프랑스어로 존속되었는가?' 그리고 '얼마나 많은 세계의 언어들이 "나무"에 대한 단어가 있는가'와 같은 질문의 경우에도 동일하다. 그러나 이러한 것들은 19세기에 언어학의 기초를 세우기 위해 추구했던 종류의 문제이었다.

유명론을 공격하면서 소쉬르는, 비트겐슈타인처럼, (비트겐슈타인과 달리, 책의 형태로는 결코 제시되지 않았지만) 그가 이전에 주장했던 언어관을 공격했다. 전 생애를 통해서 그는 본질적으로 단어와 의미의 관련성에 대한 '그림 사전' 모형에 근거한 인구어 연구의 요지를 가르쳤다. 이러한 관점에서는 언어의 발전이 과정인데, 시간이 흐르면서 '나무'는 일정하게 있지만 상이한 음성 형태들(*arbor*, *arbre*, 등)이 다른 시간과 다른 장소에서 계속해서 그것에 부가되게 되는 과정이다.

◇ ◇ ◇

『일반언어학 강의』와 『철학적 탐구』의 반-유명론은 따라서 매우 다른 결말로 향하게 되었다. 그러나 두 작업은 단어의 의미가 '그 단어가 나타내는 대상물'이라는 전통적 명제(thesis)를 문제의 주원인으로 진단하는 것에서 일치한다. 더욱이 둘은 적어도 어떤 측면에서는, 즉 유명론자의 잘못에 대한 그들의 분석에서는 일치한다.

언어는, 유명론자가 함축하는 것처럼, 한편으로 독립적으로 주어진 음성 혹은 표시와, 다른 한편으로 독립적으로 주어진 외부 세계의 특질 사이의 관계들의 집합이 아니다. 언어를 이런 식으로 보는 것은, 단어를 그것이 속해 있는 언어 체계로부터 고립시키는 동시에 언어 사용자를 언어 공동체로부터 고립시키는 것이다.

3

언어 단위

유명론을 거부하면서 시작하는 언어 이론가에게는 그 즉시 메워야 할 두 가지 이론적 틈이 남겨진다. 단어가 대상물을 의미하는 (음성적 의미에서의) 단어가 아니라면, 그것은 무엇인가? 단어의 의미가 명명 관계라는 모형에 근거해서 파악되지 못한다면, 그것은 어떻게 파악되는가? 소쉬르와 비트겐슈타인이 보았듯이, 이 두 문제는 사실상 하나의 양면이고 동일한 문제인데, 곧 언어 단위의 정체에 대한 문제이다.

우리가 보통, '단어', '구', '문장'이라고 하는 종류의 언어 단위가 어쨌든 명확한 정체성을 가져야 한다는 것은 상식적인 문제인 것 같다. 우리가 그것을 인식할 수 없고 조합할 수 없어서 의사소통에 그것을 사용할 수 없다면, 우리는 결코 언어의 주인이 될 수 없을 것이다. 사람들이 어려움 없이 동일한 사물을 말하고, 동일한 단어를 반복하고, 동일한 질문을 하는 등의 (그리고 그와 똑같이 동일한 사물을 말하지 않고, 동일한 단어를 반복하지 않고, 다른 질문을 하는) 실례들을 식별하는 것이 가능하지 않다면 정말로 언어는 생각할 수 없는 것일 것이다. 간략히 말해서, 언어의 바로 그 본질은 다양한 종류의 언어 항목들의 규칙적인 재현 가능성에 달려 있는 것 같다. 이론적 문제는 이러한 가능성을 보장하는 것이 무엇인지를 설명하는 것이다. 언어가 작용하는 방식에 대한 어떠한 일반적 분석도 따라서 언어 단위라는 개념에 어쩔 수 없이 달려들어야만 한다.

소쉬르는 '한 언어의 메커니즘은 전적으로 동일성과 차이에 달려 있다. 후자는 단지 전자의 대응부이다'라고 했다.(『강의』: 151) 소쉬르의 경우에, 언어학적 지식의 시작은 유명론이 언어 단위의 동일성에 대해 충분한 설명이 없고 따라서 신뢰할 만한 언어 이론이 아니라는 것을 아는 것이다. 비트겐슈타인의 경우에, 이러한 결론은, 언뜻 보기에는 유명론자의 지침을 따라 분석하기에 적합해 보이는 의사소통 체계에만 주의를 기울여도, 나온다. 『철학적 탐구』의 첫 부분에서 그는 이러한 종류의 본원적 언어를 다음과 같이 기술했다.

> 그 언어가 어떤 건축가 A와 조수 B와의 의사소통을 위해 쓰인다고 하자. A는 건축용 석재를 가지고 건물을 짓고 있다. 벽돌, 기둥, 석판, 들보가 있다. B는 그에게 그 석재들을 건네주어야 하는데, A가 그것들을 필요로 하는 순서에 따라서 해야 한다. 이 목적을 위해서 그들은 "벽돌", "기둥", "석판", "들보"란 단어들로 이루어진 언어를 사용한다. A가 그 단어들을 외친다. B는

> 그러그러한 외침에 가져오도록 배운 석재를 가져간다. — 이것을 완전한 본원적 언어로 생각하자. (『탐구』: 2)

유명론자는 언어 단위의 동일성을 어떤 유형의 외침('벽돌', '기둥' 등)과 어떤 유형의 건축용 석재(벽돌, 기둥, 등) 사이에서 획득된 상관관계에 묶어놓으려고 고집할 것이다. 그러나, 이것은 그렇게 되지 못할텐데, 매우 간단한 이유 때문이다. 우리가 네 가지 다른 유형의 건축용 석재를 '나타내는' 네 가지 다른 단어를 가지고 있다고 말하는 것은 아무 쓸모가 없다. '벽돌'과 벽돌, '기둥'과 기둥, 등등의 상관관계는 의사소통 체계에 의해 부과된 상관관계이지, 소리와 대상물 사이의 어떤 독립적인 결합의 결과가 아니다. 간단히 말해서, 유명론자는 설명을 위해서 설명되어야 하는 대상을 혼동했다.

가장 기본적인 용어로 축소해서, 소쉬르와 비트겐슈타인의 경우에 언어적 동일성의 문제는 다음과 같은 질문의 일반화이다: 동일한 언어 기호의 출현을 상이한 언어 기호의 출현과 구별하는 것은 무엇인가? 한 가지의 경우에는 의미가 동일할 것이지만 다른 경우에는 의미가 다를 것이라고 대답하고 싶은 유혹이 틀림없이 있다. 그러나, 두 저자가 모두 분명히 하고자 애쓴 것처럼, 그러한 개략적 대답은 단지 질문을 회피하는 것이다. 비트겐슈타인은 '동일성의 서술어' 자체에 관하여, 즉 서술어 이다(*to be*)에 관해 언급함으로써 이 점을 분명히 했다.

> "장미는 붉은 색이다"에서는 "이다"가 "2 곱하기 2는 4이다"에

서와 다른 의미를 가진다고 하는 것은 무엇을 뜻하는가? 그것은 이 두 단어에 다른 규칙이 적용됨을 뜻한다고 대답된다면, 우리는 여기에서 오직 하나의 단어만을 가지고 있다고 말할 수 있다. — 그리고 내가 단지 문법적 규칙들에만 주목한다면, 이 규칙들은 "이다"란 단어의 사용을 두 맥락에서 허용한다.

(『탐구』: 558)

소쉬르는 더 나아가, 언어 기호의 동일성은 결코 모든 경우의 사용에서 동일한 실현을 필요로 하지 않는다는 것을 지적했다.

예를 들어, 우리는 강연 중에 단어 *Messieur!*(여러분!)가 몇 번 반복되는 것을 들을 수 있다. 우리는 각각의 경우에서 그것이 동일한 표현이라고 느낀다: 그러나 여전히 그것에는, 매우 현저한 음성적 차이를 가진 몇 가지의 경우들로 나타나는, 어조와 억양의 변화가 있다 ... 더욱이 의미적 관점에서도 하나의 *Messieur!*(여러분!)에서 다른 것으로의 절대적인 반복이 없다는 사실에도 불구하고, 이러한 동일성의 느낌은 지속된다. 단어는 그 자체의 동일성이 매우 위태롭게 되지 않으면서도 매우 다른 개념을 표현할 수 있는 것이다. (『강의』: 150－1)

그러나 프랑스어가 모국어인 화자는, 그 다양한 출현들에서의 특성인 음성적 변이와 의미적 변이에도 불구하고, 강연에서 단어 *messieurs*가 몇 번 나타났는지를 말하는 데 어려움이 없을 것이다. 비슷하게, 소쉬르는 다른 예를 언급하는데, *adopter une mode*('어떤 양식을 택하다')와 *adopter un enfant*('양자로 삼다')라는 표현이, 관련된 '*adopter*'가 두 경우에 완전히 다르지만, 동일한 프랑스어 동사를 사용한 예라는 것을 인식하는 데에 전혀 망설임이 없을 것이다. 소쉬르에게 있어서 그러한 예는, 상이한 경우들에 대해서, 음성적 혹은 의미적 명시의 불변성에 의해 언어 기호의 동일함을 파악하려는 시도가 무익함을 증명하는 것이다. 그렇다면, 어떠한 종류의 '동일성'이, 화자가 말하면서 '동일한 단어'를 몇 번 발화했다고 주장할 때, 우리가 의지하는 동일성인가? 이 문제에 대해 답하는 것은 곧 단어의 정체(예를 들어, 프랑스어 단어 *messieurs*)를 이루는 것이 무엇인지를 명확히 말하는 것임이 분명하다. 소쉬르도, 비트겐슈타인도 언어적 동일성이 환상일 가능성, 혹은 그것이 어떤 종류의 특별한 경우가 될 가능성을 조금도 생각하지 않았다는 것은 주목할 만하다. 오히려, 비트겐슈타인의 경우에 '동일한 것을 말하기'는 '동일한 것을 하기'의 한 예일 뿐이라는 것이 분명하다: 비슷한 일반적 기준이 적용될 것이다. 비트겐슈타인은 다음과 같이 묻는다.

> 어떤 사람이 2x+1이란 수열을 풀어서, 1, 3, 5, 7, . . . 이란 수열을 얻는다고 가정하자. 그리고 이제 그는 자신에게 묻는다: "그런데 나는 항상 같은 것을 하고 있는가, 아니면 매번 다른 것을 하고 있는가?"
>
> 날마다 "내일 나는 너에게 가보겠다"고 약속한다면 — 그는 매일 같은 것을 말하고 있는가, 아니면 매일 다른 것을 말하고 있는가? (『탐구』: 226)

소쉬르처럼 비트겐슈타인은, "동일한" 것으로 간주하는 것과 "다른" 것으로 간주하는 것이 채택된 관점에 달려 있음을 결코 잊지 않도록 한다. 관점이 바뀌면, '그것이 동일한 것인가?'라는 질문에 대한 답도 바뀔 것이다. 그러나 두 사람은, 우리가 언어가 작용하는 방식을 이해하고자 하면, 우리가 언어 항목들의 명확한 식별을 꾀하는 것을 의미가 있게 하는, 최소한 한 가지 관점의 타당성은 인정해야 함을 당연한 것으로 간주했다. 나날이 '내일 나는 너에게 가보겠다'고 말하는 것이 동일한 것을 말하는 것인가 아니면 다른 것을 말하는 것인가에 대한 질문은, 적어도 그러한 단어들의 결합이 어떤 날부터 다음 날까지 '동일한 것'으로 확인될 수 있음이 전제되지 않으면 그 일부를 잃는 것이다. 그래서 '내일 나는 너에게 가보겠다'라는 문장은, 어제 약속한 것에 대한 질문과 오늘 약속한 것에 대한 질문에 대한 대답으로 나올 수 있다. 연속되는 이틀에 동일한 영어 문장을 사용하는 한 아무리 적어도 한 명의 이론가는 동일한 것을 말했음에 동의하고, 적어도 하나의 층위에서는 두 경우에서 '말한 것'이 동일 영어 문장을 반복함으로써 정확히 보고되는 것 같다. 바로 이러한 동일성의 층위가 소쉬르 또한 *Messiurs!* 예에서 초점을 둔 것이다. 왜냐하면 언어에 대한 우리의 설명이 이 층위에서 관련된 동일성의 특성을 규정할 수조차 없다면, 그것은 전혀 신뢰할 만한 분석으로서 기준에 도달할 수 없기 때문이다.

더욱이, 소쉬르와 비트겐슈타인은 이 동일성의 층위가 언어 의미에 통합되어야 한다는 것에서 일치하는 것 같다. 아무도 인식된 단어나 문장의 재현을 의미적 고려 없이 설명하려는 시도에는 관심을 갖지 않았다. 두 사람은, (i) 단어의 언어적 의미는 어떤 종류의 언어외적 대상물이 아니고, (ii) 단어가 어떠한 언어적 의미를 가지는지는 그것을 다른 단어와 연결하는 복잡한 관계들의 망에 달려 있다는 것에서 일치한다.

비트겐슈타인은 '무엇이 단어의 의미인가?'라는 질문으로 『청색책』(*Blue Book*)을 시작한다. 그가 제시한 일반적 해답은 단어만이 아니라 어떠한 종류의 언어 단위에나 적용된다: '기호(문장)는 그것의 의미를 기호의 체계, 즉 그것이 속한 언어로부터 얻는다.'(『책』: 5) 『철학적 문법』(*Philosophische Grammatik*)에서는 더 무뚝뚝하게 말한다: '한 단어의 그 언어에서의 사용이 그 단어의 의미이다.'(『문법』: 60)

이것은, 단어 단어에 대한 주의에도 불구하고, 소쉬르가 지지하는 데에 아무 어려움이 없었을 법칙이다.(『강의』: 147ff) 소쉬르에게 있어서, 어떤 언어 기호의 의미는 랑그(*la langue*)[17]에서 다른 기호의 의미로부터 고립시킬 수 없다. 이는 그가 언어(랑그)를 통합적 관계와 연합적 관계들의 연쇄에 의해 같이 묶인 기호들의

17) 저자가 "번역에 관한 주의"에서 밝힌 것처럼, 프랑스어의 *langage*(언어), *langue*(랑그), *parole*(파롤)은 우리말에서 적절한 대역어를 찾기 힘든 용어이다. '랑그'는 주로 언어의 본질적이고 등질적인 사회적 체계로서의 성격을 의미하고, '파롤'은 구체적인 음성으로 발화된 언어의 개인적인 실현을 의미한다고 할 수 있다. 그리고 *langage*는 이 둘을 아우르는 정신활동으로서의 언어 전체를 나타내는 개념이다.

각각의 용어에 해당하는 적절한 우리말 표현이 없기 때문에 여기에서는 *langage*는 '언어'로, *langue*(랑그), *parole*(파롤)은 원어를 한글로 적어 사용했다. 그리고 저자가 소쉬르의 말을 인용하면서 *langage*를 'language'로 번역하고, *langue*(랑그)는 'the language'나 'a language'로 번역했기 때문에, 이를 다시 우리말로 옮길 때 *langage*(언어)와 *langue*(랑그)가 구분이 되지 않는 경우에는 괄호 안에 해당 용어를 밝혔다.

체계로 생각하기 때문이다. 통합적 관계는 그가 현재적(*in praesentia*) 관계로 기술했다(『강의』: 171): 구 나의 집에서는 개별 기호 나의와 집이 통합적으로 관계되어 있다. 그러한 관계는 항상 선형성(linearity) 차원으로 표현되는데, 선형적 관계가 아니어도 그러한 것으로 표현된다. 연합적 관계는 소쉬르가 부재적(*in absentia*) 관계로 기술한다(『강의』: 171): 나의 집에서 개별 기호 나의는 너의, 그의, 그녀의, 등과 연합적으로 관계되는 한편, 기호 집은 가정, 주소, 주거지, 거주지, 아파트 등과 연합적으로 관계된다. 따라서 구 나의 집은, 그 언어에 의해서 사용할 수 있게 된, 연합적으로 조직된 광범위한 가능성들로부터 통합적으로 조직된 선택을 나타낸다.

소쉬르는 비교에 의해 통합적 관계와 연합적 관계 사이의 상관관계를 설명한다.

> 언어 단위는 건물의 단일한 부분에, 예를 들어 기둥 같은 것에 비교될 수 있다. 기둥은 그것이 받치고 있는 추녀와 특정한 방식으로 관계된다. 공간 안에 공존하는 두 단위를 포함하는 이러한 경향은 통합 관계에 비교될 수 있다. 다른 한편으로, 이 기둥이 도리아식이라면, 이것은 머리 속에서 다른 건축 양식(이오니아식, 코린트식 등)과 비교를 하게 하는데, 그것은 이 상황에서 공간적으로 공존하지 않는다. 이러한 관계는 연합적이다.
>
> (『강의』: 171)

비트겐슈타인은 통합적 관계와 연합적 관계를 명확히 구별하지 않았지만, 첫눈에 보이는 것처럼, 의미가 '언어의 사용'이라는 그의 개념은 소쉬르가 생각하고 있는 방식과 그리 다르지 않다. 소쉬르의 경우에, 한 언어 기호의 전체 의미는, 즉 그 가치(*valeur*)는 그 언어에서의 그것의 사용이기도 하다. 즉, 특정한 결합에 나타날 수 있는 다른 기호들과의 연합적 대조에서 그것의 독특한 용법을 가진, (다른 결합이 아닌) 그러한 통합적 결합에서의 그것의 잠재적 용법이다.

◇ ◇ ◇

언어 단위가 어떠한 종류의 동일성을 가지고 있는가를 설명하기 위해, 소쉬르와 비트겐슈타인은 모두 일관되게 놀이와의 유사성에 의지한다. 유명론을 반대하는 것으로 시작한 이론가에게 이 유사성의 매력은 분명하다. 놀이의 운용을 설명하기 위해서 놀이 자체와 관계가 없는 것들과의 연관을 조사하고 싶은 유혹은 없다. 놀이는 중요한 의미에서 **자족적**이지만, 그것은 단순한 추상화가 아니다. 또한 그것의 구성 요소들도 추상화가 아니다. 비트겐슈타인은 다음과 같이 썼다.

> 우리는 언어의 시간적 현상과 공간적 현상에 관해서 이야기하고 있지, 비-시간적, 비-공간적 허깨비에 관해서 이야기하고 있지 않다 . . . 그러나 우리는, 마치 우리가 놀이의 규칙을 진술할 때 체스의 말들에 대해서 이야기하지 그것들의 물리적 속성을 기술하는 것이 아니듯이, 언어에 대해 이야기한다.
>
> "단어란 본래 무엇인가?"라는 물음은 "장기의 말이란 무엇인가?"와 비슷하다. (『탐구』: 108)

체스는 또한 소쉬르가 선호한 비유인데(『강의』: 43, 125－7, 135, 149, 153－4), 그는 일찍이 『일반언어학 강의』에서 체스의 말들과 단어들 사이의 상응에 관해 비트겐슈타인과 밀접히 관련되는 주장을 했다.

> 상아로 만든 말이 나무로 만든 말로 대체되어도, 그 변화는 체계에 아무 영향을 주지 않는다. 그러나 말의 수를 줄이거나 늘린다면, 그것은 놀이의 '문법'에 막대한 영향을 주는 변화이다.
>
> (『강의』: 43)

이것은 『갈색 책』(*Brown Book*)의 서두에 있는 비트겐슈타인의 언급과 비교할 수 있다.

> 한 사람이 졸의 존재와 기능을 언급하지 않은 채 체스 놀이를 기술한다고 하자. 그가 놀이를 자연스러운 사실로서 기술하는 것은 불완전할 것이다. 그러나 다른 한편으로 우리는 그가 어떤 더 단순한 놀이를 완전하게 기술했다고 할 수 있다.
>
> (『책』: 77)

말의 수를 변화시키는 것은 놀이를 변화시키는 반면에, 물리적 구성이나 그 모양까지 변화시키는 것은, 만약 그러한 어떤 변화가 다른 말들의 특유의 정체를 제거하지 않는다고 항상 가정되면, 놀이를 변화시키지 않는다. 소쉬르는 우리에게 체스에서 나이트의 정체를 이루는 것이 무엇인지를 숙고하도록 한다.

> 체스에서 나이트를 생각해 보자. 이 말은 그 자체만으로 놀이의 요소인가? 분명 그렇지 않다. 왜냐하면 판에서의 그것의 자리와 시합의 다른 조건들과 분리된, 물질적 대상물로서의 그것은 놀이꾼에게 아무 의미가 없다. 그것이 실재적이고 구체적인 요소가 되는 것은, 그것이 놀이에서 그것의 가치를 얻거나 확인 받을 때만이다. 놀이를 하다가 이 말이 분실되거나 깨졌다고 하자. 그것이 대체될 수 있을까? 물론이다. 다른 나이트뿐만 아니라, 전혀 다른 모양의 말로도, 빠진 것과 동일한 가치가 주어지면, 나이트로서 간주될 수 있다. (『강의』: 153－4)

소쉬르와 비트겐슈타인에게 유명론의 가장 근본적인 잘못은, 체스 놀이 이외의 어떤 것에 의지하는 것이 체스 말의 중요성과 기능을 설명하기 위해 필요하다고 가정하는 것과 다소 비슷하다. 그러한 의지는 불필요할 뿐만 아니라, 그것은 체스가 무엇인지를 파악하는 데에 완전히 실패했음을 드러내는 것 같다. 마찬가지로, 언어적 요소의 중요성과 기능을 설명하기 위해 언어 '이외의' 것에 의지하는 것은 언어가 무엇인지를 파악하는 것의 완전한 실패를 드러낸다.

◇ ◇ ◇

체스 비교는 소쉬르와 비트겐슈타인의 작업에서 대단히 중요한 것 같은데, 이루어진 모든 것이 언어 단위가 어떤 종류의 동일성을 가지는지를 해명하기 위한 것이기는 했다. 그러나 그것은 훨씬 더 이상의 것이다. 그것은 동시에 의미, 언어 규칙의 본질, 언어와 사고의 관련성에 빛을 던진다. 간단히 말해서, 그것은, 유명론자의 관점을 언어 사용자가 본질적으로 놀이를 하는 사람으로 간주되는 관점으로 대체하면서, 언어에 대한 통찰력의 급격한 변화를 나타낸다. 소쉬르의 경우에, 그것은 언어 기술의 전체 계획을 일거에 명확히 하고 마침내 언어 과학을 튼튼한 이론적 기반 위에 올려놓는 것을 가능하게 하는 변화이다. 비트겐슈타인의 경우에, 그것은 없애야 할 철학의 과제인, '언어라는 수단을 통해 우리의 오성에 마법을 거는 것'에 대한 철학자의 해독제이다.

비트겐슈타인은, 이전의 수리 철학에서의 논의에서 놀이 유추를 차용한 것 같지만, 그것을 독창적인 다양한 방식으로 사용한다.(Baker and Hacker 1980: 47ff) 마찬가지로, 소쉬르는 언어와 체스 사이의 상응에 대한 한 가지 해석에만 머무르지 않았다. 물론 거기에는 비트겐슈타인이, 그와 소쉬르가 비교한 용법들을 연결시키는, '가족 유사성'(family resemblance)으로 틀림없이 범주화했을 것이 있다.

이 새로운 언어 통찰력을 택한 결과는 두 경우에 광범위하다. 그것의 가장 현저한 영향은 다음의 장들에서 별개의 제목으로 탐구될 것이다. 비록 최종적인 분석에서 소쉬르와 비트겐슈타인이 언어에 대한 그들의 설명에서 어떤 문제들에 대해서는 아주 근본적으로 갈라지기는 하지만, 이러한 분화조차도 공통의 출발점에서 갈라지는 대안적인 노선으로 분명히 간주될 수 있다.

4
언어와 사고

놀이 관점(조망)에 찬성하여 유명론자의 관점을 거부하는 가장 철저한 수정은 언어와 사고의 전체적 관련성에 대한 수정이다. 비트겐슈타인의 경우에 그러한 수정은 그 자신의 관점의 발전에 명백히 표현되어 있다. 『논리-철학 논고』에서 그는 다음과 같이 주장했다. '언어가 사고를 오도한다. 매우 그러하므로, 드러난 외부 형태로부터 그 안의 사고의 형태를 추론하는 것은 불가능하다 . . .' (『논고』: 4.002) 그러나, 『철학적 문법』을 썼을 때 그는 '내가 언어로 생각할 때, 언어적 표현에 더하여 내 정신에 스며드는 의미는 없다. 언어는 사고의 전달 수단 자체이다'라고 주장했다.(『문법』: 161) 전통적으로, 언어에 대해서 가정된 사고의 우월성은 아리스토텔레스의 유명한 의견으로 요약된다.

> 말해진 단어들은 영혼의 영향이나 감동에 대한 상징이나 기호이다. 쓰여진 단어들은 말해진 단어들의 기호이다. 쓰기처럼, 말하

> 기도 모든 민족의 사람들에게 동일하지 않다. 그러나 정신적 상태 자체는, 이 단어들이 주로 그에 대한 기호인데, 그러한 상태가 대상물에 대한 표상이거나 외관, 이미지, 복제물인 것처럼, 모든 인류에게 동일한 것이다. (『명제론』(De Interpretatione), I)

이러한 아리스토텔레스적 관점에 따르면 단어는, 실재 세계의 '대상물'로 시작한, 진보의 자연적인 순서에서 논리적으로도 심리적으로도 마지막이다. 그러한 대상물이 없다면 인류는 '정신 작용'의 형태로 그것들에 대한 '표상'을 전혀 가지지 못할 것이다. 그리고 그러한 정신 작용이 없었다면 다시 단어가 기호가 될 대상도 없을 것이다. 아리스토텔레스의 경우에, 정신 작용에 대한 기호가 아닌 음성적 소리는 그 어떤 것도 전혀 단어가 아니고, 따라서 언어의 일부가 아니다. 이에 상응하게, 아리스토텔레스적 용어로, 단어가 무슨 생각을 표현하는지를 묻는 것은 항상 의미가 있을 것이다: 그리고 문제의 생각을 확인하는 것은 단어가 뜻하는 것을 설명하는 표준적인 방식이 된다.

아리스토텔레스적 불일치의 개념적 틀 안에서는, 단어에 대한 생각을 피하고 그 단어의 대상물을 직접 지적함으로써 의미를 설명하는 것이 항상 의미 있고, 더 편리할 것이고, 사고는 단지 그 대상물의 '표상'일 뿐이다. 따라서 코끼리라는 단어가 의미하는 것을 알기 원하는 사람은, 코끼리를 보게 됨으로써 가장 확실하게 그 정보를 알게 될 것이다: 아리스토텔레스에 따르면, 코끼리는 '전체 인류에게 동일하고', 상응하는 정신 작용도 동일하다. 실제로, 내가 코끼리를 한 번도 본 적이 없고 이 동물에 관해 들려

오는 말만을 들었다면, 엄격한 아리스토텔레스적 사람은 아마도 내가 정말로 **코끼리**라는 단어의 의미를 아는지 묻고 싶을 것이다. (이러한 형태의 아리스토텔레스식의 비타협적 태도는, 맹인으로 태어난 사람이 할 수 없는 한 가지가 **빨강**이라는 단어(혹은 다른 색깔 단어)의 의미를 이해하는 것이라고 주장하는 사람들의 주장에 흔적으로 남아 있다.)

일단 '놀이' 관점이 채택되고 나자, 꽤 다른 개념적 틀이 유용하게 되었다. 단어가 체스의 말과 비슷하다면, **코끼리**라는 단어가 어떤 생각을 표현하는지 묻거나, 설명의 방식으로서 어떤 사람에게 실제의 기사(나이트)를 지적하도록 요구하는 것은 거의 의미가 없다. 오히려, 체스에서 나이트가 무엇을 '의미하는지' 이해하기 위해서는 놀이에서 그것의 역할을 아는 것이 필요하다. 그래도 여전히 사람들이, 나무로 되거나 상아로 된, 판 위의 나이트와 대응하는 개념('체스의 나이트'라는 개념)을 구별할 수 있다는 것은 분명하다. 그러나 후자는 전자를 설명하지 않는다: 왜냐하면 그것들은 분리할 수 없는 대응물이기 때문이다. 말이 판 위에서 어떻게 움직이는가를 묻는 것은 '체스의 나이트'라는 개념에 대한 설명을 요구하는 것이다.

바로 이러한 불가분성이 기호(기표*signifiant*)와 의미(기의*signifié*)라는 소쉬르 학설의 원리를 유발한 것이다. 언어 기호를 구성하는 청각 영상과 개념의 연합은 무관하게 주어진 항목들의 결합이 아니다. 『일반언어학 강의』의 '언어 가치' 장은 이것을 분명히 하기 위해 최대의 노력을 기울였다. 특히 기억할 만한 비교 중의 하나는 종이 한 장의 앞면과 뒷면에 대한 것이다.

> 가위로 동시에 다른 면을 자르지 않으면서 종이의 한 면을 자르는 것이 불가능한 것처럼, 언어에서 음성을 사고로부터 분리하거나 사고를 음성으로부터 분리하는 것은 불가능하다. 이론적 목적을 위해 둘을 분리하는 것은 순수한 심리학이거나 순수한 음성학이지 언어학이 아니다. (『강의』: 157)

분명히, 음성적 앞면에 있는 것을 개념적 뒷면에 있는 것과 분리해서 기술하는 것이 가능하다. 이것은 어떤 언어 기호가 주어져도 가능하다. 그런데, 체스에서 나이트가 움직이는 모양을 기술하지 않고서 나이트의 형태를 기술하는 것이 똑같이 가능하다. 그것은 체스의 나이트가 특정한 형태의 말도 아니고 움직임의 모양도 아니라는 사실을 결코 바꾸지 못한다. 어떤 말이 어떻게 움직이는가를 배운 것이 아니라 체스의 상이한 말들에 의해서 이루어지는 움직임의 다양한 모양을 배운 사람이 체스를 잘 할 수 없는 것은, 어떤 단어가 무엇을 의미하는지는 배우지 않은 채 (다음이 가능하다면) 단지 프랑스어 단어들의 의미만을 배운 사람이 프랑스어를 말하거나 이해할 수 없는 것과 같다.

간단히 말해서, 소쉬르와 비트겐슈타인이 택한 관점에서 어떤 단어의 기능이 결코 그 단어가 표현한다고 주장되는 생각을 언급함으로써 설명되지 않는다. 다시 생각은 그것이 정신적으로 '표상하는' 외부 세계의 어떤 '대상물'이나 특질을 언급함으로써 설명되지 않는다. 대신에 단어는, 음성과 의미의 불가분의 단위로서 간주되는데, 그것이 일부를 이루는 언어 체계에서 그것의 역할을 다른 단어의 역할과 대조함으로써 설명된다. 이러한 재평가의 결과는, 언어와 관련된 모든 중요한 측면들에 대해서 생각을(혹은 적어도 명제적으로 표명되는, 그리고 일반적으로 인간의 이성을 특징짓는다고 주장되는, 그러한 형식의 생각을) 하도록 한 것이다. 사고하는 것은 더 이상 인간 정신의 자율적이고 자립적인 활동이 아니고, 말하기는 단순히 그것의 외현화가 아니다. 반대로, 말하기와 사고는 상호의존적이고, 다른 것이 없이는 나타나지 못하고, 둘 다 언어에 의해 가능해진다.

생각하기와 말하기의 상호의존적 관련성에 대한 이러한 강조는 두 사상가의 작업에서 미묘한 차이로 나타난다. 소쉬르는 거침없이 언어 이전의 사고의 가능성을 부정한다.

> 심리학적으로 우리의 사고는, 그것의 말로의 표현을 제외하면, 모호하고 형태가 없는 덩어리에 불과하다 ... 언어 구조(랑그)를 도입하기 전에는, 어떤 생각도 미리 설정될 수 없고, 아무것도 구별되지 않는다. (『강의』: 155)

다른 한편으로 음성은, '사고가 어쩔 수 없이 따라야 하는 모양을 가진, 이미 만들어진 틀'을 제공하지 않는다.(『강의』: 155) 그렇다면, 우리는 언어의 음성적 측면과 언어의 관념적 측면 사이의 관계를 어떻게 생각해야 하는가? 『일반언어학 강의』에서 가장 눈에 띄는 비유적 상징 중의 하나로, 소쉬르는 사고가 음성과 결합하는 방식을 공기와 물의 접촉에 비교했다.(『강의』: 156) 관찰자가 표면의 파문으로 보는 것은 공기와 물 사이의 압력의 지역적 다양성에 의해 유발되는 모양이다. 그런데 독자는 이 비교에서 부자연스럽거나 이상한 것을 발견할 수 있는데, 소쉬르가 그것에 의지하는 이유는 아무튼 분명하다. 분명히 의도는 두 가지 점을 명확히 하는 것이다. 첫째로, 우리는 언어가 사고와 표현을 중재하는 약간 모호한 제 삼의 층을 이루는 것으로 생각하면 안 된다: 공기와 물 사이에는 중간층이 없지만, 접촉면은 상관 위치로 표현된다. 둘째로, 접촉면의 상관 위치는 동시에 접촉한 두 질량의 상관 위치이고, 그 굴곡은 정확하게 들어맞는다: 우리가 그것을 수면의 물결로 '보지' 공기의 파문으로 보지 않는다는 사실은 단지 물이 '가시적'인 반면에 공기가 '비가시적'이라는 사실에서 기인한다. 비슷하게, 단어의 소리는 지각할 수 있는 반면에, 그 의미는 그렇지 않다: 그러나 어느 것도 별개의 언어적 존재가 아니다.

비트겐슈타인은 그러한 비유적 생각의 비약에 빠지지 않으며, 언어가 없는 사고의 가능성에 대해 소쉬르보다 더 신중하다. 그는 언어가 없는 생물체에게조차도 어떤 단순한 형태의 사고는 가능하지만, 그 밖의 것들은 언어만이 제공하는 구조적 복잡성이 필요하다고 주장하는 것 같다. '어떤 개가 그의 주인이 문에 있다고 믿는다. 그러나 그의 주인이 모레에도 그럴 것이라고 믿을 수 있는가?'(『탐구』: p.174) 물론, 같은 단락에서, 그는 '말할 수 있는 사람만이 희망할 수 있는가?'라는 질문을 제기하고 다음과 같이 답한다.

> 오직 언어의 사용에 통달해 있는 사람만이. 말하자면, 희망이라는 현상은 이 복잡한 형태의 삶의 양태들이다. (『탐구』: p.174)

그런데, 『철학적 탐구』의 앞부분에서 우리는 다음과 같은 관찰을 본다.

> 때때로, 동물들은 정신적 능력이 결여되어 있기 때문에 말하지 않는다고 말한다. 이것은 "동물들이 생각하지 않고, 그것이 동물들이 말하지 않는 이유이다"라는 것을 의미한다. 그러나 동물들은 단지 말하지 않을 뿐이다. 또는 더 잘 표현하자면: 그것들은 언어를 사용하지 않는다 — 가장 원초적인 언어 형식들을 제외한다면.
> (『탐구』: 25)

이러한 수정은, 대부분 재고의 형식으로 덧붙기는 했지만, 다소 중요하다. 왜냐하면, 개의 믿음에 대한 언급처럼, 언어가 비-언어적 행동과 아주 분명하게 구분되지 않는다는 것(따라서 언어로써 가능한 것이 다른 것과 아주 분명하게 구분되지 않는다는 것)에 동의할 준비가 되어 있음을 나타내는 것 같기 때문이다.

동물의 정신적 능력은 비트겐슈타인에 관한 한 본질적인 문제가 아니다. (그는 틀림없이 침팬지가 언어의 원리를 습득할 수 있는지 없는지를 검사하기 위해 고안된 어떠한 실험적 프로그램도 이상하게 오해된 것으로 간주할 것이다.) 물론, 우리가 동물에게 언어와 관련된 다양한 능력이 있다고 생각하거나 없다고 부인하는 것은 중요한데, 그것이 우리가 우리 자신의 능력을 개념화하는 방식과 일치하기 때문이다. 문제는 개가 '정말로' 그의 주인이 문에 있다고 믿느냐가 아니라, 그렇게 말하는 것이 개의 행동에 대한 언급으로 의미가 있느냐는 것이다. 반면에 개가 이것이 사실이기를 바란다고 말하는 것은 아무 의미가 없다. 그리고 이것은 개가 개의 문장 '내 주인이 문에 있다'를 혼잣말로 짖을 수 있는가와 아무 관계가 없다. 비트겐슈타인에게 생각은 어떤 종류의 내적 독백이 아니다. '생각은 일종의 말하기인가? 우리는 그것이 사고를 수반한 말하기를 생각 없이 말하기와 구별해 주는 것이라고 말하고 싶어한다.'(『탐구』: 330) 그러나 그러한 점에서 단어들은 내부 행위와 외부 행위를 연결하는 특별한 지위를 차지하지 못한다. '사고를 수반한 말하기와 그렇지 않은 말하기는 어떤 하나의 음악 작품을 생각 없이 연주하는 것과 생각하면서 연주하는 것에 비교될 수 있다.'(『탐구』: 341) 분명히 우리의 생각에 대해서 이야기하지 않으면서 우리의 생각을 언어적으로 명확히 하기와 같은 것이 있다. 그러나 그것은 그 단어들을 크게 말하기의 이상도 이하도 아닌 생각의 한 형태일 뿐이다. 실제로, 우리가 들을 수 있도록 말할 수 있지 않다면, 단어를 소리 없이 말하는 방법도 없을 것이다.

비트겐슈타인은 윌리엄 제임스[18]에 의해 제시된 한 농아의 기억에 관한 증거를 인용하는데, 그 농아는 말하기를 배우기 전인 유아 때에 신에 관한 생각을 가졌었고 또한 쓰기를 배우기 전에 세계의 기원에 관해 자문을 했었다고 주장했다. 이것을 제임스는 언어가 없이 사고가 가능함을 보이는 것으로 간주했다. 비트겐슈

18) James, William(1842－1910). 미국의 심리학자이자 철학자로서, 사물의 의미는 사회적 상호작용의 과정에서 발생하고, 그 의미들은 다른 사람과 기호적으로 상호작용을 하는 자기-반성적 개인들의 해석 과정을 통해서 변경된다고 생각했다.

타인은 농아의 이야기에 승복하지 않는다: '당신은, 누구라도 질문하고 싶어할텐데, 이것이 당신이 단어 없이 한 생각들을 단어들로 올바로 옮긴 것이라고 확신하는가?'(『탐구』: 342)

비트겐슈타인은 어떤 생각을 단어 없이 하는 사람의 견지에서 적절히 기술될 수 있는 특정한 행위를 부정하지 않는다.

> 또한 나는 여러 가지 측정을 하면서, 내가 두 개의 크기가 제삼의 것과 같으면 그것들은 서로 같다고 — 단어 없이 — 생각했다고 구경꾼이 말할 수 있는 방식으로 행동할 수도 있을 것이다. — 그러나 여기에서 생각을 구성하는 것은, 만일 단어들이 생각 없이 말해지지 않는다면 단어들을 동반해야 하는 어떤 과정이 아니다. (『탐구』: 330)

그는 생각을 표현하기 위해 '정확한 단어를 찾는 것'으로 보통 기술된 정신적 노력을 하는 우리 자신을 우리가 자주 발견한다는 것을 부정하지 않는다. 그러나 이것이 관련된 심리적 과정에 관해서 무엇을 보이는가는 불분명하다. '그런데 만일 "당신은 그 표현을 찾기 전에 그 생각을 가지는가?"라고 질문을 받으면, 뭐라고 대답해야 할까? 그리고 "그 생각이 그 표현 이전에 존재했다면, 그 생각은 어디에 있었는가"라는 물음에 대해서는 뭐라고 대답해야 할까?'(『탐구』: 335)

이것들은, '발화의 순환'(파롤의 순환 *circuit de la parole*) 작용을 통해서 사고가 언어적 형태로 되는 과정에 대한 소쉬르의 설명에 적용하면, 특별히 흥미로운 질문이 된다. 소쉬르에 따르면,

이 순환은 어떤 개념의 출현이 대응하는 청각 영상을 자극하고 그것은 다시 발성 기관에 대한 운동 명령을 유발할 때 화자의 머리에서 시작한다.(『강의』: 28) 그러한 모형은 우리에게 비트겐슈타인의 질문에 대해 소쉬르식의 여러 가지 가능한 대답을 생각할 수 있도록 한다.

(a) 정확한 표현을 찾는 것은 화자가 여러 가지 언어적 가능성 중에서 어떤 것이 특정한 발화 상황의 필요에 가장 적절한지를 결정할 수 없는 경우에 해당한다. 망설임은 언어가 다양한 기호나 기호들의 결합을 제공하고, 선택에 장애가 있다는 사실에 의해 일어난다. 놀이에서 이와 비슷한 것은 어느 것을 움직여야 할지 결정할 수 없는 놀이꾼의 경우이다. 퀸을 전진시켜야 하는가 나이트를 후퇴시켜야 하는가? 크로스 코트 패스(cross-court pass)를 할 것인가 탑 스핀 로브(top-spin lob)를 할 것인가? (결국에는, 순간적인 우유부단이 대가를 치르게 할 것이다.) 이러한 유형의 여러 가지 다소 극단적인 다양한 경우들이 나타날 수 있다. 위기에 몰렸을 때 유용한 가능성들 중의 어떤 하나가 나타나는 것 같다. 그러나 물론 생각나지 않은 더 나은 선택이 있는 경우에도 우리는 망설인다. 혹은 그와 반대로, 생각난 가능성들 중에서 어느 것도 정말로 만족스럽지 않다고 보일 수도 있다. (크로스 코트 패스가 이 각도에서 어려울 것이다. 그러나 상대자가 로브(lob)를 하기에는 실제로 충분히 가깝지 않을 수 있다.) 그러나 이 모든 경우에서 비트겐슈타인에 대한 소쉬르식의 대답은 원칙적으로 분명하다. '그렇다, 나는 표현을 찾기 전에 생각했다. 그 생각이 그

표현 이전에 존재했다면, 그 생각은 어디에 있었는가? 그것은 채워질 필요가 있는 발화의 틈에 내재하는데, 놀이 중의 특별한 사건에 의해 제기된 놀이의 문제이다.

(b) 다른 유형의 경우는, 우리가 아는 것이 정확하지만 말로 할 수 없는, 표현을 꺼내는 데에 실패해서 야기되는, 망설임일 것이다. 도대체 특정한 색조의 그 녹색을 무엇이라 부르는가? 우리가 아이일 때 정원에서 자라던 그 꽃의 이름은 무엇이었는가? 여기에서 다시 소쉬르식의 설명은 꽤 분명하다. 화자는 기의(signifíe)를 확인했지만 일시적으로 기표(signifiant)를 잊어버렸다. 어떻게 해서인지 보통 그 둘을 연결하는 격발(trigger) 과정이 막히게 된다. 여기에서 다시 우리가 표현을 찾기 전에 실제로 그 생각을 했다고 말하는 것이 정당화될 수 있다. 그러나 이 예에서 생각이 내재해 있는 것은, 그 생각의 표현을 찾는 것에 우선해서, 특별한 의사소통적 요구에 대한 망설임 없는 우리의 확인이었다. (그것은 저 색이거나, 또는 저 꽃이다.) 놀이에서 이와 비슷한 것은 더 드문 경우로 필요한 이동 방식을 잊어 버린 것이다: 그것은 규칙의 실제 구사에서의 일시적인 과실이다.

(c) 소쉬르의 모형은 또한 더 흥미로운 제 삼의 유형의 경우를 가능하게 한다: 새로운 표현을 꺼내는 것이다. 우리는 그렇게 하기 전에 망설이고 다른 가능성을 찾을 수 있다. ('저것이 정말로 단어인가?' '우리가 정말로 저렇게 말할 수 있나?' 소쉬르가 논의한 예는 단어 *indécorable*('장식할 수 없는')의 첫째 용법이다. 화자가 이 단어를 전에 결코 들어본 적이 없다고 가정하자: 그것에 대한 심리적 '탐색'은 그러므로 숨어있는 친숙한 표현의 탐색과는

다른 상태이다. 소쉬르가 이러한 유형의 경우에 관해서 말하는 것은 비록 단어 *indécorable*이 전에 결코 사용된 적이 없었다 해도 그것의 구성을 위한 유형이 이미 존재한다는 것이다. (프랑스어의 많은 형용사는 어간과 부정 접두사와 접미사 *-able*이 결합한다.) 따라서 그 경우는 럭비에서 공을 들고 뛴 맨 처음의 학생의 경우와는 다르다: 왜냐하면 그는 단순히 규칙을 어긴 것이기 때문이다. 놀이에서 *indécorable*과 비슷한 것은, 규칙은 허용을 하고 있지만 이전에 어떤 놀이꾼도 결코 사용할 생각이나 필요를 느끼지 못한, 가능성들의 결합을 이용하는 경우이다.

위의 유형들의 경우에 대한 소쉬르식의 설명은 비트겐슈타인의 입장과 완벽하게 일치한다. 비트겐슈타인이 입증하고자 고심한 것은, 어떤 일이 체스 판 위에서 일어난다는 것에 의해서보다는 놀이꾼의 정신에서 진행되는 어떤 것에 의해서 체스라는 놀이가 의미가 있다고 생각하면 잘못인 것과 꼭 마찬가지로, 발화가 수반하는 어떤 감춰진 사고 과정에 의해서 발화가 의미가 있다고 생각하면 역시 잘못이라는 것이다. 거기에서 일어나고 있는 것이 무엇인지를 이해하기 위해서 우리가 놀이꾼의 정신 활동에 관여할 필요가 없다. 우리는 단지 체스 놀이를 이해할 필요가 있다. 그것은 발화에 대해서도 마찬가지이다. 대화자의 머리 안에서 일어나고 있는 것에 접근하는 것은 적절한 것이 아니다. 적절한 것은 그들의 언어를 아는 것이다. 더욱이, 체스 놀이꾼의 '체스 생각들'은 판 위에서 공공연히 이루어진 움직임으로 드러난다: 그것들은 놀이꾼만이 알고 있는 이해할 수 없는 내적 사건이 아니다.

그러한 의미에서, 체스를 생각하는 것은 바로 체스를 하는 것이다. 마찬가지로, 비트겐슈타인에 따르면, 우리는 언어의 경우에서 발생하는 것을 오해하기 쉽다.

> 우리는 언어 행위가 두 부분으로 구성된다고 생각하기 쉽다. 기호를 처리하는 것인 무기적 부분과, 우리가 이 기호를 이해하고, 의미하고, 해석하고, 생각한다고 할 수 있는 유기적 부분이다. 이 후자의 활동은, 기묘한 종류의 매개물인 정신 안에서 일어나는 것 같다. 그리고 정신의 메커니즘은, 그 본질을 우리는 잘 이해하지 못하는 것 같은데, 물질적 메커니즘이 할 수 없는 결과를 가져올 수 있다. (『책』: 3)

그러나 이러한 언어의 '유기적' 부분과 '무기적' 부분의 구분을 인정하려는 유혹은 거부되어야 한다: 왜냐하면 '생각하는 것은 본질적으로 기호를 수반해서 벌이는 활동이기 때문이다. 이러한 활동은, 우리가 쓰면서 생각할 때는 손으로 수행되고, 말하면서 생각할 때는 입과 성대로 수행된다.'(『책』: 6)

이러한 용어로 정의되면, 비트겐슈타인의 명제(thesis)가 피상적으로 행동주의의 경솔한 형태로 들릴 수 있는데, 특히 '우리가 생명체의 행동을 보면, 우리는 그 영혼을 본다'(『탐구』: 357)와 같은, 비트겐슈타인식의 도발적인 돌발 표현과 관련해서 받아들일 때 그러하다. 『철학적 탐구』에서 비트겐슈타인은 이러한 혐의를 무시해 버렸다. 그의 상상 속의 대화자는 한 가지 점에서 다음과 같이 말한다: '당신은 정말로 변장한 행동주의자가 아닌가? 당신은 정말로 근저에서는 인간 행동 이외의 모든 것이 허구라고 말하고 있지 않은가?'(『탐구』: 307) 비트겐슈타인의 대답은 비웃음으로 신랄하다: '내가 허구에 관해 이야기하고 있다면, 그것은 **문법적** 허구에 관한 것이다.'(『탐구』: 307) 이 대답의 완전한 묘미는, 비트겐슈타인식의 독특한 '문법' 개념에 대한 이해가 없으면 놓치고 만다.(7장을 보라) 그런데 비트겐슈타인은 체스에 대한 '행동주의적' 이론과 '정신주의적' 이론 사이에 대립을 설정하는 것이 오히려 어리석을 것임을 단지 지적하는 것만으로도 그 비난을 똑같이 잘 반박하는 것 같다. 아무도 진지하게 A와 B가 체스를 하는지 안 하는지가 그들의 정신적 노력에 의해서 결정된다고는 생각하지 않기 때문이다. 그것은, 한편으로는 그들이 판 위에서 말을 움직이는 방식에 의해서, 다른 한편으로는 놀이의 규칙에 의해서 결정된다.

체계와 사용자

놀이 유추를 수용하는 것의 한 가지 분명한 귀결은, 그것이 언어적 차이에 대한 인식을 가져온다거나 혹은 오히려 요구한다는 것인데, 그 차이는 조직화된 유형의 행위(체스, 테니스, 크리켓, 등)로 간주되는 놀이와, 그 놀이를 구성하는 부분들과 더불어, 특정한 경우에 특정한 개인들에 의한 이러한 행위의 실행, 즉 그들의 성공이나 실패, 그들의 근육 움직임 등등 사이의 차이에 상응하는 것이다. 소쉬르는 **랑그**와 **파롤**을 분명하고 체계적으로 구별함으로써 이러한 요구에 응했다. 다른 한편으로 비트겐슈타인은 이러한 종류의 용어적 수단을 도입하지 않았다. 또한 그는 그러한 차이의 중요성을 우리가 『일반언어학 강의』 전체에 걸쳐서 보는 것처럼 역설하지도 않았다. 그는 단순히 기호가 기호 산출의 심리적 절차와 혼동되면 안 된다는 것을 지적하는 것으로 만족했다. 따라서 다음과 같이 말하고 있다.

> 매우 복잡한 과정이 후두, 발성 근육, 신경, 등에서 일어난다. 이러한 것들은 말해진 문장과 **동반되는 것**이다. 그리고 문장 자체가 우리에게 흥미로운 유일한 것이다 — 어떤 기제의 일부로서가 아니라 계산의 일부로서. (『문법』: 104)

이는 소쉬르의 입장과 정확히 일치한다. 그러나 비트겐슈타인은 그 차이를 덜 중요한 것으로 인정했다. 이러한 강조의 차이에 대한 설명은 부분적으로는 이전의 언어학사와 철학사 각각에서 찾을 수 있다.

비트겐슈타인은 프레게와 러셀과 그 자신의 『논리-철학 논고』가 언어에 대해 심각한 오해를 증폭시켰다고 믿게 되었지만, 그는 그러한 오해가 체계와 사용 사이의 근본적 차이를 파악하지 못한 데에서 주로, 혹은 조금이라도, 기인되었다고는 믿지 않았다. 반면에 소쉬르는 이것을 19세기 언어 연구에서 가장 깊숙이 자리한 치명적인 약점으로 보았다. 그의 관점에서 그것은 그의 선배들이 끊임없이 **랑그의 현상들**(*faits de langue*)과 **파롤의 현상들**(*faits de parole*)을 뒤섞어 놓아 언어학을 과학으로 확립하는 데에 거의 진전이 이루어지지 않았기 때문이었다. 왜냐하면, 그러한 근본적인 구별이 없이는, 더 나아가 소쉬르가 그의 과학에 필수불가결한 것으로도 생각했던, 공시 언어학과 통시 언어학의 이분법을 확립하는 것이 불가능하게 되기 때문이다. 소쉬르에게 있어서 19세기 언어학의 가장 큰 역설은, 역사적 비교가 드러내는 시기상의 세부적인 차이에 노력을 집중한 것이 언어 변화의 본질을 이해하는 데에 완전한 실패로 귀결되었다는 것이다.

『일반언어학 강의』는 그 결과로서 잇따른 실수와 불일치의 많은 예들을 보인다. *se fâcher*(화내다)와 *se fôcher*(화내다) 같은 발음이 동일한 언어 기호의 변이형인지 두 가지 다른 언어 기호인지를 설정하는 것은 불가능하게 되었다.(『강의』: 249) 라틴어 *honos*(명예)와 같은 추론적 형태의 출현을 언어 변화의 산물로 오해하는 것이 그럴 듯하게 되었다.(『강의』: 221ff) 공시적 일반화와 통시적 일반화를 구별하지 못하는 용어로 그것들을 형식화하는 것이 일반적이게 되었다.(『강의』: 130－1) 더욱 나쁜 것은 매우 잘못된 '설명'이 제시된 것이다: '예를 들면, 프랑스어 단어 *père*(아버지)의 현재 의미가 그것의 라틴어 어근 *pater*가 "아버지"를 뜻한다는 사실에 의거하여 설명된다.'(『강의』: 136)

소쉬르는, 놀이의 경우에 놀이 자체의 구조에 속한 사실들과, 놀이 활동의 개별 장면에 속한 사실들과, 놀이의 역사적 발전에 속한 사실들 사이의 구별에서처럼, 언어학자들이 처음부터 구별의 중요성을 깨달았으면, 이러한 혼동은 모두 피할 수 있었고, 언어학과 관련된 다양한 유형의 현상들 사이의 정확한 관련성이 확립되었을 것이라고 주장했다. 특히, 언어학자들은 '내적' 고찰을 '외적' 고찰과 구별하는 것이 필수적이라고 보았을 것이다. 소쉬르는 다시 체스에 빗대어 그러한 차이를 말한다.

> 체스의 경우에는 외적인 것과 내적인 것을 구별하기가 비교적 쉽다. 체스가 페르시아에서 유럽으로 왔다는 사실은 외적인 사실인 반면에, 체계와 그것의 규칙에 관한 것은 모두 내적이다.

상아로 만든 말이 나무로 만든 말로 대체되어도, 그 변화는 체계에 아무런 차이를 주지 못한다. (『강의』: 43)

따라서 소쉬르식의 언어학자들에게 가장 중요한 것으로 떠오른 것은 '체계'와 그 밖의 다른 것을 구별하는 것이다. 왜냐하면 체계야말로, 가능한 것들을 놀이의 특정 장면에 국한시키고, 각 개별 움직임의 의미를 결정하고, (그들의 행동이 '질서에서 벗어난' 것으로 즉, 규칙의 위반으로 거부되지 않으려면) 놀이꾼이 준수해야 하는 것이기 때문이다. 체계는 정의에 따르면 공시적이다. '언어(랑그)는 모든 부분들이 공시적으로 상호의존적인 것으로 간주될 수 있고 간주되어야 하는 하나의 체계이다.'(『강의』: 124) 더 정확히는, 체계는 '개별 공시적(idiosynchronic)'이다.(『강의』: 128) 달리 말하면, 그것은 역사적으로 관련되고 동시에 발생하는 것 모두를 포함하지 않고, 공시적으로 상호 의존적인 것들만을 포함한다. 이러한 측면에서, 그것은 확실히 놀이와 유사하다. 예를 들면, 코트 테니스[19]와 잔디 테니스가 역사적으로 관련되어 있고, 둘 다 현재의 놀이로 지속되지만, 테니스 선수가 때때로 둘을 혼동한다거나, 잔디 테니스이면서 동시에 코트 테니스인 경기가 이루어질 수 있다거나, 윔블던 남자 결승이 동시에 코트 테니스의 우승자를 결정하는 것으로 간주되어야 한다거나 하는 것을 가정하는 것은 잘못된 것이다. 그러나 어쨌든 그 어떤 것도 두 놀이가 공통의 조상으로 소급될 가능성을 배제하지 않는다.

일부 주석가들은 체계에 대한 소쉬르의 몰두를 『인구어의 원시

19) 벽면을 써서 하는 실내 테니스의 일종.

모음체계에 대한 논고』의 출판까지 소급되는 것으로 본다. 분명히 *système*(체계)라는 단어는 이미 그 책에서 나타났다. 소쉬르가 『인구어의 원시모음체계에 대한 논고』에서 다룬 것은 오랫동안 비교언어학자들을 괴롭혀 온 원시 인구어에 관한 문제이다. 문제는 이 원시 언어에 대해, 나중에 그 조어로부터 파생된 것으로 입증된 언어의 모음들을 만족스럽게 설명하기 위해, 어떤 모음을 찾아야 하느냐이다. 문제가 되는 모음은 *a*이다. 소쉬르 이전에, 언어학자들이 이미 본래 두 가지 다른 종류의 *a*가 있었음에 틀림없다고 설정하였는데, 하나만 있었다는 가정이 파생 언어에서의 증거를 충족시키지 못했기 때문이다. 소쉬르의 공헌은 두 가지 다른 *a*의 변이형을 설정한다 해도 여전히 그 문제에 대해 만족스러운 해결책을 제시하는 것이 아니라는 사실을 입증한 것이다. 그리고 그는 추가로 그 언어에, 어떤 측면에서는 모음과 비슷하고 어떤 측면에서는 자음과 비슷한 이상한 소리인 제 삼의 모음이 있어야 한다고 가정하였다. 소쉬르는 이 이상한 소리가 무엇처럼 소리나는지를 정확히 말할 수 없었는데, 현대 유럽의 언어들 중의 어느 것도 그와 비슷한 소리를 가진 언어가 없다고 생각했기 때문이었다. 그러나 그는, 그것의 형식적 특질을 기술함으로써, 순전히 추상적인 방식으로 그 이상한 소리를 기술하는 것이 가능하다고 주장하였다. 이러한 것들에는 그것의 다른 모음들과 자음들과의 차이, 그것이 하나의 음절로 홀로 서는 자격, 다른 모음들과 음절로 결합하는 능력이 포함된다. 이는 인구어의 용어로 자음도, 모음도 아닌 것을 이루고, 소쉬르는 그것을 '유성음 계수(sonant coefficient)'라고 하기로 했다.

그러므로 소쉬르의 해결책은, 말하자면, 실체를 관찰할 수 없음에도 불구하고 관찰이 가능한 다른 실체들의 관찰 결과에서 추론함으로써 그것의 존재와 그것의 어떤 특성을 예측하는, 천체물리학이나 입자물리학의 이론가들에 의해 만들어진 해결책과 본질적으로 동일한 질서로 된 것이다. 소쉬르의 경우에서, 이러한 가정은 거의 50년 후에, 소쉬르가 원시 인구어의 그 이상한 소리에 대해 규정했던 특성들을 정확히 가진 음소를 가진 것으로 발견된 인구어의 한 언어인 히타이트의 설형문자의 해독으로, 성과를 거두었다. 이것은 가정된 물리적 실체의 존재가 더 강력한 망원경이나 현미경을 만듦으로써 확인되는 것과 차라리 비슷하다. 현재의 맥락에서 주목할 점은, 직관에 반하고 전례가 없는 것으로 보이지만 '소리'를 체계와의 관계에서 규정되는 것으로 간주함으로써, 정확한 해결책이 발견될 수 있다는 것을 일찍이 소쉬르가 강조했다는 것이다.

비트겐슈타인도 그로서는 음성적 기호를 그것이 속한 체계로부터 분리할 수 없다는 관점을 분명히 수용한다. 1930년대 초기에 그가 선호한 체계에 대한 용어는 계산(calculus)이다. 그는 다음과 같이 썼다.

> 당신이 사고, 믿음, 지식의 본질과 그 유사한 것에 관해 궁금하다면, 사고 등등을 사고의 표현으로 대체하라. 이러한 대체에 따른 어려움은, 그리고 동시에 그것의 전체 요점은 다음과 같다: 믿음, 사고, 등의 표현은 단지 문장이다. — 그리고 그 문장은 한 언어의 체계의 요소로서만 의미를 가진다. 하나의 계산 안에서의 어떤 한 표현으로서. (『책』: 42)

다시, 『철학적 문법』에서 우리는 다음과 같이 듣는다: '의미는 계산에서 단어의 역할이다.'(『문법』: 63) 그런데 그는 '계산'이라는 개념을 너무 경직되게 파악하는 것을 경고한다.

> 우리가 언어를 엄격한 계산에서 사용되는 기호 체계라고 할 때 우리의 정신 안에 있는 그것은 과학과 수학에서 발견될 수 있다. 우리의 일상적인 언어 사용은 드문 경우에만 이 정확성의 기준을 따른다. (『책』: 25)

정확히 이러한 이유 때문에, 그는 더 유연한 개념인 '놀이'를 위해 '계산'이라는 개념을 버린 것으로 보인다. 『철학적 문법』에서 그는 두 용어를 다 사용하는데, 분명히 그것들에 중요한 차이가 있지는 않다.

> 나는 언어를 놀이나 계산으로 단지 기술할 수 있을 뿐이다: 우리가 여전히 그것을 계산으로 부르고자 하는지 그렇지 않은지는, 우리가 그러한 일반 용어의 사용이 우리가 결정하고자 하는 각각의 특별한 경우를 검사하는 것으로부터 우리의 관심을 딴 데로 돌리도록 하지 않는 한에서는, 문제가 되지 않는다.
> (『문법』: 62)

우리가 체계를 무엇이라고 부르든지, 본질적인 것은 그것이 체계이어야 한다는 것이다. 그리고 이것은 비트겐슈타인에게 기호가 어떤 외적인 결과를 산출해야 한다는 것을 의미하는 것이 아니라, 그것의 사용이 어떤 특징적인 방식으로 하나를 다른 것과 서로 관련시키게 된다는 것을 의미한다.

> "하나의 언어가 단순히 독립적인 기호들로 구성될 수 있는가?" 이것 대신에 우리는 다음과 같이 질문할 수 있다: 우리가 독립적인 기호들의 어떤 연속체를 기꺼이 "언어"라고 부를 것인가? "그러한 언어가 문장들, 혹은 기호들의 결합들로 구성된 것과 동일한 것을 달성할 수 있는가?"라는 질문에 대해 다음과 같이 답할 수 있다: 이러한 기호들이 인간에게 문장으로서 동일한 결과를 가지는지를 우리에게 보여줄 것은 **경험**이다. 그러나 그 결과가 우리에게 홍미롭지는 않다. 우리는 그 현상을, 언어의 계산을 탐구하고 있다. (『문법』: 194－5)

여기에서 체계성에 대해 어떤 더 중요한 정의를 구하는 것은 비트겐슈타인에게 무익한 질문이었을 것이다: 왜냐하면 언어가 이미 모형을 제시하기 때문이다: '언어들은 체계들이다.'(『문법』: 170) 그것은 출발점이지, 언어를 가지는 것이 수행한다고 생각되는 어떠한 목적이 아니다.

> 언어는 우리에게 명확한 목적을 실현하는 결합으로서 정의되지 않는다. 오히려 "언어"는 나에게 어떤 집합체를 위한 이름이고, 나는 그것을 독일어, 영어, 등등과, 어느 정도 이 언어들과 유사점이 있는, 기호들의 더 다양한 체계들이 포함된 것으로 이해한다. (『문법』: 190)

비트겐슈타인이 여기에서 우리에게 제시하는 것이 소쉬르가 기호학(semiology)[20]이라고 한 영역에 대한 비형식적 정의와 어느 정도 정확히 일치한다는 것은 홍미롭다.

소쉬르의 '체계' 개념은 분명히 전체적이다. 부분(개별 기호)은 전체와 분리될 수 없다: 왜냐하면 그것들이 체계와 무관하게 기호로서 존재하지 못하기 때문이다. 마찬가지로 비트겐슈타인은 자신이 '언어 놀이'로 기술한 의사소통 체계가 '완벽한' 것으로 생각되어야 한다는 것을 강조했다.(『책』: 81, 『탐구』: 2) 이것의 결과는 한 체계의 어떤 기호와 다른 체계의 어떤 기호 사이의 단순한 동일화가, 두 기호가 동일한 음성 형태를 공유하는 경우라도, 가능하지 않다는 것이다. 따라서 비트겐슈타인은, 예를 들어 그의 가설적인 건축가의 언어에서의 벽돌이라는 단어가 우리의 벽돌이라는 단어와, 그것들이 동일하게 발음되고 문제의 벽돌들이 동일하다고 하더라도, 동일한 것을 의미하지 않는다는 것을 분명히 하려고 노력한다. 더욱이, 우리가 그 용어를 사용하는 것이 건축

---

20) 소쉬르는 기호학에 대해서 다음과 같이 말했다.

> 언어는 관념을 나타내는 기호 체계이며, 따라서 문자 체계, 수화, 상징적 의식, 예법, 군용 신호 등에 비견할 만하다. 언어란 이들 체계 중에서 가장 중요한 것일 뿐이다.
>
> 그러므로 사회적 삶의 부분으로서 기호들의 역할을 연구하는 과학을 생각할 수 있다. 그것은 사회심리학의 일부가 될 것이며, 따라서 일반 심리학의 한 부분을 형성할 것이다. 우리는 그것을 기호학(그리스어 sēmeîon '기호'에서 유래)이라고 한다. 그것은 기호의 본질과 기호를 지배하는 법칙들을 탐구할 것이다. 아직 존재하지 않기 때문에, 기호학이 무엇이 될 지는 말할 수 없다. 그러나 그것은 존재할 권리가 있고 그것의 위치는 이미 정해져 있다. 언어학은 이 일반 과학의 한 부분에 지나지 않으며, 기호학에 의해 발견될 법칙은 언어학에 적용될 수 있을 것이고, 따라서 언어학은 인간의 지식이라는 영역 안에서 분명하게 정의된 자리에 할당될 것이다. (『강의』: 33)

가의 언어에서 그것을 사용하는 것과 적어도 어떤 경우에는 분명히 일치한다고 하더라도.

> 그러나 우리가 때때로 "벽돌!"이라는 단어를 이러한 방식으로만 사용하지는 않는가? 혹은 우리가 그것을 사용할 때, 그것이 "벽돌을 나에게 가져 와"를 줄인 생략 문장이라고 해야 하는가? 우리가 "벽돌!"이라고 말하면 우리는 "벽돌을 나에게 가져 와"를 의미한다고 말하는 것이 옳은가? 왜 나는 "벽돌!"이라는 표현을 "벽돌을 가져 와"라는 표현으로 환언해야 하는가? 그리고 그것들이 동의어적이라면, 왜 나는 다음과 같이 말할 수 없는가? 그가 "벽돌!"이라고 말하면 그는 "벽돌!"을 의미하고 . . . 혹은 그가 "벽돌을 나에게 가져 와"를 의미할 수 있다면, 당신이 그가 크게 "벽돌!"을 말하지만 사실상 항상 그의 마음에서는 자신에게 "벽돌을 나에게 가져 와"를 말한다고 주장하고 싶어하지 않는 한, 왜 그는 "벽돌!"만을 의미할 수는 없는가? 그러나 우리는 무슨 이유로 이것을 주장할 수 있는가? 누군가가 다음과 같이 묻는다고 가정하자: 한 사람이 "벽돌을 나에게 가져 와"라고 명령을 한다면, 그는 네 단어로서의 그것을 의미해야 하는가, 혹시 그가 한 단어인 "벽돌!"과 동의어인 합성된 하나의 단어로서 그것을 말할 수는 없는가? (『책』: 78)

잔소리를 늘어놓는 이 대화자에 대한 비트겐슈타인의 반응은 소쉬르에 의해서 잘 그려질 것이다. 그것은 계속된다.

> 우리는 다음과 같이 대답하고 싶어진다: 그가 그의 언어에서 그 문장을, 예를 들어 "이 벽돌 두 개를 치워라"와 같이 이 단어들이

> 사용되는, 다른 문장과 대조를 이루어 사용한다면, 그는 네 단어 전체를 의미한다. (『책』: 78)

그러나 문제는 거기에만 머무는 것을 허용하지 않는다. 비트겐슈타인은 내적 조직의 대조에 관한 점을 매우 강조한다.

> 그러나 내가 "그러나 그의 문장이 이 다른 것들과 어떻게 대조되는가? 그가 그것들을 동시에, 혹은 찰나간에 가르쳐야 하는가, 혹은 그가 단번에 그것들을 배워야 한다는 것은 충분한가, 등등"을 묻는다면 어찌되는가? 우리가 우리 자신에게 이 질문을 할 때, 이 대안들 중에 어느 것이 그 경우인가 하는 것은 부적절한 것 같다. 그리고, 정말로 적절한 것은 단지 이러한 대조가 그가 사용하고 있는 언어의 체계 안에 존재해야 한다는 것이라고 말하고 싶다 . . . (『책』: 78)

소쉬르의 후계자들이 보통 소쉬르적 구조주의의 핵심 교의로 간주하는 것에 대해 다음의 것 이상으로 더 적절한 예증을 바라기는 힘들다: 체계 안에서의 대조만이 그 체계의 언어 기호들의 가치를 결정한다. 따라서 『일반언어학 강의』에서는, 예를 들어 프랑스어 단어 *mouton*(양 또는 양고기)이 영어 단어 *sheep*(양)과 가치가 동일해질 수 있다는 것이 부정되는데, 전자의 언어에서는 식사를 위해 준비되고 제공되는 것으로서의 고기에 대한 다른 단어가 없기 때문이다. '*sheep*(양)과 *mouton*(양 또는 양고기)의 가치의 차이는 영어에서는 고기를 위한 다른 단어 *mutton*(양고기)이 또 있는 반면에 프랑스어의 *mouton*(양 또는 양고기)은 둘 다를 담당한다는 사실에 의해 결정된다.'(『강의』: 160) 마찬가지로 『일반 언어학 강의』는 다른 체계들에도 범체계적으로 적용되는 문법적 장치를 확인할 수 있다는 것을 부정한다.

> 프랑스어 복수의 가치는 예를 들어 산스크리트어 복수의 가치와, 그것들이 종종 동일한 것을 의미한다 해도, 일치하지 않는다. 이것은 산스크리트어에 단수와 복수 이외에도 수에 대한 제삼의 문법 범주가 있기 때문이다. 산스크리트어에서 mes yeux('내 눈'), mes oreilles('내 귀'), mes bras('내 팔'), mes jambes('내 다리')와 같은 표현의 등가물은 단수도 복수도 아닌 중수(dual)일 것이다. 따라서 산스크리트어 복수의 가치를 프랑스어 복수의 가치와 동일한 것으로 돌리는 것은 부정확한데, 산스크리트어는 복수를 프랑스어에서 복수가 사용되어야 하는 모든 경우에 사용할 수가 없기 때문이다. (『강의』: 161)

소쉬르가 다른 언어 체계에서의 기호의 사용을 '동일한 것'으로 기술하는 것이 합리적일 것이라는 것에 대해서, 위에 인용된 언급에서 명확히 했듯이, 아무 의미가 없다고 주장하려는 것이 아니라는 것은 분명하다. 그러나, 그는 우리가 그렇게 하면 우리가 비교의 근거로서 '외부의' 관점을 채용하고 있는 것이라고 주장한다. 우리가 산스크리트어의 복수와 프랑스어의 복수가 '동일한 것'을 의미한다고 말한다면, 우리는 산스크리트어와 프랑스어 각각의 기호로서의 그것들의 기능을 조사하는 것이 아니라, 다른 어떤 것을 조사하는 것이다: 아마도, 예를 들어 번역에서 그것들의 사용을 조사하는 것이다. 그러나 번역은 파롤의 영역에 속하는 행위이다. 그리고 프랑스어와 산스크리트어 복수가 동일한 가치를 가진 것으로 처리하기 위해 그것을 이론적 근거로 간주하는 것은, 파롤의 현상들(*faits de parole*)과 랑그의 현상들(*faits de langue*)을 구별하지 못하는, 명백한 실패일 것이다. 그것은 체계와 사용을 혼동하는 것이다.

> 이러한 경우들 모두에서 우리가 발견하는 것은, 미리 주어진 생각 대신에 언어 체계(랑그)로부터 나오는 가치이다. 우리가 이러한 가치들이 어떤 개념에 대응한다고 말한다면, 문제의 개념이 순전히 다른 것이라는 것을 이해해야 한다. 그것은 그것들이 그 내용에 의해 적극적으로 규정되는 개념이 아니라, 소극적으로 동일한 체계에서 다른 항목들과의 대조에 의해 규정되는 개념이라고 말하는 것이다. (『강의』: 162)

소쉬르가 언어 체계의 '내적' 사실에 대해 말하는 곳에서 비트겐슈타인도 때때로 '내적 관계'에 대해 말한다. 그는 하양은 검정보다 더 밝다가 '내적 관계의 존재를 표현한다'고 주장한다. 검은 헝겊과 흰 헝겊의 그림은,

> 우리가 "더 밝다"와 "더 어둡다"에 의해서 이해하는 것의 실례로, 그리고 "하양"과 "검정"에 대한 실례로 우리에게 동시에 기능한다. 이제 어둠은 검정'의 일부인데', 그것들이 이 헝겊으로 표상되는 둘 다이기 때문이다. 그것은 검정임으로써 어둡다. ─ 그러나 그것을 더 잘 표현해 보자: 그것은 "검정"으로 불리고 따라서 우리의 언어에서 "어둡다"라고도 불린다. 이러한 관계가, 실례들과 이름들의 한 관계인데, 우리의 언어에 설정되어 있다.
> (『고찰』: 75−6)

소쉬르에게 있어서, 비트겐슈타인이 여기에서 말하고 있는 것은, 동일한 언어 체계 안에서 그것들의 대조적인 공존으로 확립된 것으로서 **검정, 하양, 어둡다** 등의 단어들의 (의미적) 가치일 것이다.

우리가 기호나 개념을 다른 체계에 속하는 것으로 동일화할 수 없다는 것은 소쉬르에 따른 것이다. 이것은 또한 비트겐슈타인에게서 되풀이된다.

> 우리는 '더 원시적인' 논리를 가진 사람들을 쉽게 생각할 수 있는데, 우리의 부정에 상응하는 어떤 것이 특정한 종류의 문장에 대해서만 적용된다. 가령, 그 자체 안에 어떠한 부정도 포함하지 않은 것과 같은 문장에 대해서만 적용된다. "그는 집에 가고 있다"라는 명제의 부정은 가능하겠지만, 부정 명제의 부정은 무의미하거나, 단지 부정의 반복으로만 간주될 것이다 . . .
>
> 이 사람들에게 부정이 우리에게처럼 동일한 의미를 가지느냐는 물음은, 5에서 끝나는 수열밖에 가지지 않은 사람들에게 "5"라는 숫자가 우리에게처럼 동일한 것을 의미하느냐는 물음과 유사할 것이다. (『탐구』: 554−5)

소쉬르의 답은 "5"가 동일한 의미는 가지지만 두 경우에 동일한 가치는 가지지 않는다는 것이 될 것이다. 일단 '놀이' 관점이 채택되면, 그것은 자동적으로 가치에 대한 소쉬르식 이론의 방향으로 나아간다.

배드민턴에서 서브하는 것이 잔디 테니스에서 서브하는 것과 동일한가? 틀림없이 이들은 유사하다. 라켓과 공/셔틀콕 사이에는 접촉이 있어야 하고, 후자는 네트를 넘어가야 하고, 등등. 그러나 또한 두 놀이의 구조에 관해서는 양립할 수 없는 차이가 있다. 예를 들어 배드민턴에서 점수는 서브를 한 사람만이 얻을 수 있다. 소쉬르식의 용어로, 서브의 가치는 두 경우에 다른 체계에서 나오고, 따라서 동일할 수가 없다. 사실상, 어느 경우에도 문제의 놀이에 관한 전체 행위를 설명하지 않은 채 서브의 가치가 무엇인지를 정확히 규정할 수는 없다. **전체** 행위? 그렇다. 누군가가 놀이 전체를 조망하는 입장에 있지 않는 한, 서브의 가능한 결과 모두가 정확히 평가될 수 있다는 보장은 없다.

자의성

체스와 같은 놀이는, 의미가 있을 수도 있고 동시에 의미가 없을 수도 있는, 분명히 상충되는 두 가지 특성을 결합한 것이라는 점에서 다른 많은 조직화된 인간 행위와 구별된다. 말하자면, 그러한 놀이는 그 놀이꾼에게 강제적이면서도 동시에 매우 자의적인 어떤 조건을 부과하고 있는 것이다. 소쉬르와 비트겐슈타인은 이러한 특질들의 결합을 언어에 대해서도 매우 전형적인 것으로 보았다.

소쉬르는 '언어 기호의 자의성'을 언어학의 '첫째 원리'로 설정하기까지에 이르렀다. 어떤 점에서는 이것이 그의 언어학의 이론화의 아주 독창적인 측면으로 보이지 않을 수 있다. 고대 이래로 이름들에 '자연적 정확성'이 있다는 크라틸루스적 명제(thesis)가 사상가들에게 수용된 적은 거의 없다.(38쪽 참고) 유명론이 서구 전통에서 번성했었지만, 그것은 단어와 사물 사이에 아무런 '자연적' 연관을 설정하지 않은 유명론이었다. 따라서 소쉬르 언어학의 '첫째 원리'는 크라틸루스와 헤르모게네스 사이의 논쟁에서 후자의 언어관이 기본적으로 옳다는 사회적 견해(*communis opinio*)에 대한 단순한 확증으로 쉽게 해석될 수 있다.

그런데, 소쉬르의 '자의성'에 대한 이러한 해석은, 『일반언어학 강의』의 논증을 매우 부정확하게 전하는 이중적 합성을 조장할 위험이 있다. 그 합성은, 한편으로는 자의적인 것과 의지적인 것 사이에, 다른 한편으로는 자의적인 것과 관습적인 것 사이에 있다. 소쉬르는 그 두 가지 합성을 특히 반대했다. 그는 언어의 자의성이 인간의 의지와 어떤 관계가 있다는 것을 부정한다: 의지의 행동은 파롤의 영역에 속하는 것이지 랑그의 영역에 속하지 않는다. 그는 또한 이 자의성이 단지 관습(약정, convention)의 문제라는 것을 부정한다.(『강의』: 112－3) 이 두 가지는 주의 깊게 고찰할 가치가 있는데, 소쉬르의 사상에서 그것들은 밀접히 관련된다.

(a) 자의성과 의지. 소쉬르에게 있어서 발화(파롤)라는 행위는 '의지와 이성의 개인적 행동'인데(『강의』: 30), 화자가 선택의 자유를 실천하는 것은 그럼에도 불구하고 언어 체계(랑그) 안에서 사용할 수 있는 가능태들에 국한된다. 자의성의 개념에 관한 혼동의 위험성은 여기에서 발생하는데, 예를 들어 '우체부가 개에게 물렸다' 보다 '개가 우체부를 물었다'고 말하는 것이 화자에 의해 내려진 '자의적' 결정으로 기술될 수 있기 때문이다. 이러한 종류의 경우에서 용어 '자의적'의 사용은, 화자가 말하고자 하는 것과의 관계

에서 두 문장 중의 어느 것이 발화돼도 아무런 (큰) 차이가 없음을 함축하는, 다소 불규칙적인 선택이라는 생각을 부각시키게 된다. 그런데 소쉬르에게 있어서 화자의 결정은 의지적이지 자의적이지 않다. 자의적인 것은 두 문장 사이의 관련성이다. 더 정확히는, 소쉬르에게 있어서 그 관련성은 '상대적으로 자의적'인 범주에 속할 것이다.(108쪽을 보라) 이 자의적 관련성은 언어 체계에서 나오고, 개인적이건 집단적이건 간에, 어떤 방식으로든지 화자에 의해 내려진 선택에 의해 결정되거나 영향받지 않는다. 소쉬르는 랑그(*la langue*)의 기호가, 그것들의 존재가 단지 파롤이라는 의지적 행위에 의해서만 유지된다 해도, 혹은 유지되지 못한다 해도, 언어 공동체의 통제 아래에 있지 않다고 주장한다. 그리고 이것은 그에게 언어의 가장 역설적인 측면 중의 하나로 느껴졌다.

> 기호는, 그것이 표상하는 생각과의 관계에서, 자유로이 선택되는 것처럼 보일 수 있다. 그러나, 언어 공동체의 관점에서는 기호가 자유로이 선택되기보다는 강요된다. 화자는 기호의 선택에 관여하지 못한다. 일단 언어가 어떤 기호를 선택하면, 그것은 다른 것으로 자유로이 대체될 수 없다. 이에 관해서는 다소 모순적인 것이 있는 것 같다. 그것은 일종의 언어적인 홉슨의 선택(Hobson's choice)[21]이다. 선택될 수 있는 것은 이미 결정되어 있다. 어떤 개인도 언어(랑그)에 이미 확립되어 있는 선택을 어떤 방식으로든지 변경하는 것은, 그가 바란다고 해도, 불가능하다. 또한 언어 공동체도 하나의 단어를 바꾸기 위해 그 권위를 행사

21) 제공된 것을 받지 않으면 전혀 아무 것도 받을 수 없다는 조건의 선택.

할 수 없다. 공동체는, 개인과 마찬가지로, 그 언어에 구속된다.
(『강의』: 104)

(b) **자의성과 약정성**. 이 용어의 사용이 『일반언어학 강의』 전반에 걸쳐서 전체적으로 일관적이지는 않은 것 같지만, 소쉬르가 **랑그**(*la langue*)의 제정은 단지 혹은 오로지 약정적이라는 데에 기꺼이 동의한다는 것은 분명하다. 이것은 소쉬르에게 있어서 약정(관습)의 개념이, 더 자세히 한정되지 않는 한, 일반적으로 사람들이 서로 간의 합의로 채택하고, 각색하고, 비웃고, 혹은 바꾸는, 관례를 함축하기 때문이다. 더욱이, 관례에는 이성적이고 비-자의적인 요소가 있다. 약정은 관련된 당사자들의 이익을 충족하기 위해 결정될 수 있다. 그러나 소쉬르에게 있어서 이것은 결코 언어 기호의 확립에 특징적인 것이 아니다. 그리고, 전체 의사소통 체계를 약정에 의해 확립하는 것이 완전히 가능하기는 해도, 이것이 실제로는 **랑그**(*la langue*)의 경우에 사실이 아니다.

인간 사회에서 작용하는 우리가 보는 언어들은 어떤 의미에서도 우리가 보는 형태로 언어들을 확립하기로 결정한 인간 결정의 산물이 아니다. 언어의 특성을 정확히 밝히기 위해서는, 매우 다른 종류의 고려 사항인 세 가지 요인을 동시에 설명해야 할 필요가 있다고 소쉬르는 말한다. 첫째로, 개인적인 것에 관한 한, 언어(랑그)는 '화자가 이해할 수 있고 자신을 남에게 알릴 수 있는 언어적 습관의 전체 집합이다.'(『강의』: 112) 그러나 이것은 적절한 정의로 설정될 수 없는데 언어(랑그)를 사회적 실재와 관련시키지 못하기 때문이다. '언어(랑그)를 가지기 위해서는, **화자들의 공동체**가 있어야 하기' 때문이다.(『강의』: 112) 이것이 인정된 둘째 요인이다. 그러나 사회적 요인을 통합하는 것은 다음과 같은 이유로 여전히 그 설명에 중요한 단절이 남아 있다.

> 언어 기호가 자의적이기 때문에, 지금까지 정의된 언어(랑그)는 마음대로 약정할 수 있고 합리적 원칙에만 의존하는 수정할 수 있는 체계로 보인다. 그와 같은 언어의 사회적 본질이 이 관점과 양립할 수 없지는 않다. 물론 사회 심리가 순전히 논리적인 근거 이상의 것에서 작용하는 것은 틀림없다. 설명은 개인과 개인의 실제적 관계에 작용하는 동기에 영향을 줄 수 있는 모든 요소를 감안해야 할 것이다. 그러나 그것은 언어(랑그)를, 관련된 사람들의 이익에 부합하도록 수정할 수 있는, 단순한 규약으로 간주하는 것에 대한 부정이 아니다. 그 이외의 것이 있다. 우리는 사회적 통합의 영향력뿐만 아니라 시간의 경과에 의해서 초래되는 것도 고려해야 한다. 시간의 작용을 설명에 포함하지 않으면, 언어 현실의 파악은 불완전한 채로 남게 된다.
>
> (『강의』: 112－13)

달리 말해, 어떤 주어진 경우에서 **랑그의 현상들**(*faits de langue*)이 왜 그러한지를, 단지 그 현상들의 '약정적'(conventional) 본질에 의지해서만 설명하기를 바랄 수는 없다. 그것은 예를 들어, (i) 왜 *Good morning*이 인사로 사용되는가에 대한 설명을, (ii) 'good'과 'morning'에 대한 단어가 왜 각각 *good*과 *morning*인지에 대한 설명과 혼동하는 것일 것이다. 후자의 경우에 역사적 고려에 의지하지 않은 설명은 만족스럽지 못할 것이다. 그렇지 않으면 우리는 단지 설명이 없다고 말하게 될 뿐이다. 반면에 단어 *good*과 *morning*이 주어지면, 'Good morning'이라고 함으로써 인사를 하는 사람들의 관습(약정)에 대해서 어느 정도 가능성 있는 사회적인 이론적 해석을 하는 데에는 많은 노력이 들지 않는다. 약정은 소쉬르적 용어로 자의적이지 않다: 약정이 그 단어의 사용을 결정하는 것과는 다르다. 이러한 관점에서, 약정성(관습성)은 **랑그**(*la langue*)에 의해 제공된 재료의, 사회의 의사소통적 사용과 관련되는 반면에, 자의성은 **랑그**(*la langue*)의 내적 관계에 관한 것이다. 혹은, 아마도 더 정확히는, 약정성은 언어 공동체에 통용되는 선택의 자유에 대한 문제인 반면에, 자의성은 언어에 통용되는 선택의 자유에 대한 문제이다.

◇ ◇ ◇

소쉬르 사상의 흐름을 더 좇기 전에, 비트겐슈타인과 예비적인 비교를 하는 것이 순서인 것 같다. 비트겐슈타인은 자주 '약정론자'로 기술되는데, 그의 입장을 빈 학파의 '약정론(conventionalism)'[22]과 일치시키기 위해 그 명칭을 사용한 것이 오해된 것이기는 하다.(Baker and Hacker 1985: 338−47) 어떤 경우에나 비트겐슈타인의 '약정론'에 관한 논쟁은 일상 언어의 작용 방식에 대한 그의 관점보다는 그의 논리철학과 수리철학과 더 관계가 있다. 비트겐슈타인은 모든 언어가, 그가 의미심장하게 표현한 것처럼 우리의 감각

---

22) 표현(기호)과 의미 사이의 관계는 표현을 사용하는 인간이 약정에 의해 정하여 놓은 관계라고 보는 관점.

인상에 대한 '언어'를 포함해서, 약정(관습, Übereinkunft) 위에 세워진다고 주장한다.(『탐구』: 355) 여기에서는, 어디에서든, 헤르모게네스조차도 기호와 의미의 '자연적' 연결을 인정할 것이라고 기대될 것이다. 그런데 비트겐슈타인의 경우에, 우리가 우리의 감각 인상이 우리에게 믿을 만한 정보(예, 비가 오고 있는 것)를 준다고 생각하는 이유는, 경험이 우리에게 감각 인상과 외부 세계의 조건 사이의 어떤 연관을 신뢰하도록 가르쳤다는 것이다. 그 연관은 자연적이지만, 우리가 그것을 신뢰할 만한 지표로 해석하는 것은 '약정적(관습적)'이다. 이것이 감각-인상의 '언어'에 관한 비트겐슈타인의 표현에 대한 정확한 해석이라면, 영어와 같은 언어는 모든 생물체가 의존하는 '자연적 약정'(natural conventions)의 인공적인 이차적 확대로서 간주될 수 있다.

분명히 비트겐슈타인은 랑그의 현상들(언어적 관습/약정)을 의도적인 행동으로써 바꾸려는 개인의 무력함에 관해 소쉬르가 말한 모든 것에 동의할 것이다. 정확히 이것이 『탐구』: 510에서 "여기는 춥다"라고 말하면서 "여기는 따뜻하다"를 의미하려고 하는 도전의 요점이다. 이러한 도전에 해당되는 시도는, 그러한 시도가 특정 단어를 말하지만 그와는 다른 단어가 연상되는 의미를 '생각하거나' 내적으로 활성화시키려고 노력하는 정신 활동이라는 의미에서, 그 어떤 것도 자멸적이다. 이것은 단지 상상력을 무리하게 강요할 뿐이고, 그에 의해서, 단순한 의도적 노력만으로는 어느 누구도 여기는 춥다의 의미에 대해서 어떤 것도 할 수 없다는 교훈을 절감하도록 한다.

그러나 비트겐슈타인의 도전이 정신적인 과로의 위험 없이 다음과 같이 충족될 수는 없는가? 회의론자는 다음과 같이 말한다. '내가 다음에 "여기는 춥다"라고 말하면 그것은 "여기는 따뜻하다"를 의미하는 것으로 간주되어야 한다. 이제 잘 들어라. "여기는 춥다."' 이러한 약정이 '영어의 규칙'을 위반하는 것 같지는 않다. 그것은 이해할 수 있다. (그리고 만약 청자가 '여기는 춥다'라는 말이 여전히 '여기는 춥다'를 의미하는 것처럼 들리지 '여기는 따뜻하다'를 의미하는 것처럼 들리지 않는다고 불평하면, 회의론자는 실험에 수반된 분명한 지시가 무시되었다는 불평을 내세울 것이다.) 비트겐슈타인은 한 가지 점에서 위의 책략을 도입하는 것 같다: '나는 "날씨가 좋다"라는 문장을 말한다. 그러나 단어는 결국에 자의적인 기호이다 — 그래서 그것들 대신에 "a, b, c, d"라고 놓아 보자'.(『탐구』: 508) 그런데, 우리는 비트겐슈타인이 여기에서 '자의적'이라는 것으로 무엇을 의미하는지 물을 수 있다.

비트겐슈타인은 소쉬르처럼 어떤 기호에 대해 어떤 의미를 약정하는 일반적 가능성을 부정하고 싶지는 않을 것이다. ('x를 22라고 하고 y를 11이라고 하자.' '내가 내 손수건을 흔들면, 그것은 "도화선에 불을 붙여라"를 의미한다.') 그래서 '여기는 춥다'가 '여기는 따뜻하다'를 의미하는 것에 대한 반대는 이미 한 가지 의미를 가진 기호에 대해 새로운 의미를 약정할 수 없다는 것인가? 아마 아니다. 그렇다면, 그 반대는 정확히 무엇인가?

첫째, 새로운 의미를 약정하는 것은 기존 의미를 바꾸는 것과 혼동되면 안 된다. 약정 자체가 의미있기 위해서는, 제안된 개신에도 불구하고, 실제로 기존 의미가 여전히 자리하고 있다는 것이 가정되어야 한다. 소쉬르적 용어로, 여기는 따뜻하다의 기존 의미는 그 체계에서 그것의 반대로, 무엇보다도, 여기는 춥다의 의미로 규정된다. 그래서 약정은, 파롤의 행위로서, 그것이 바로 그것에 의해서 체계를 바꾸는 것으로 해석되면 자기-무효화의 위험이 있다.

둘째로, 체계의 변화는 어떤 경우에 한 문장을 위한 새로운 의미 훨씬 이상의 것을 포함할 수 있다. '내가 "부부부"라고 말하면서 "비가 오지 않으면 산책을 갈 것이다"를 의미할 수 있는가?— 오직 어떤 하나의 언어 안에서만 나는 어떤 것으로 어떤 것을 의미할 수 있다.'(『탐구』: p.18) 부부부라고 말하면서 '비가 오지 않으면 산책을 갈 것이다'를 의미하기 위해서는, 따라서, 먼저 부부부가 단지 그것만을 의미하는 언어를 찾아야 한다. 그러나, 우리가 아는 한 그러한 언어는 없다. 그것은 여기는 춥다가 '여기는 따뜻하다'를 의미하는 언어가 있다는 것 이상의 어떤 것이다. 잠깐만 기다려라. 우리는 이제 다시 약정으로 새 기호를 설정할 가능성을 부정하는 쪽으로 바뀌지 않았는가?

비트겐슈타인은 우리가 먼저 자의적인 기호들의 한 집합으로 다른 집합을 대체하면(*The weather is fine*(날씨가 좋다)를 *a*, *b*, *c*, *d*로) 우리는 무엇보다도 새 집합을 기존 집합의 의미와 관련시키는 데에 어떤 어려움이 있을 것이다.

> 나는 내가 "the" 대신에 "a"를, "weather" 대신에 "b"를, 등등을 말하는 것에 익숙하지 않다고 할 수 있을 것이다. 그러나 이로써 내가 뜻하는 것은, 내가 단어 "the"와 "a"를 직접 연관시키는 데에 익숙하지 않다는 것이 아니라, "the"의 자리에—그러니까

> "the"의 의미로 "a"를 사용하는 것에 익숙하지 않다는 것이다. (나는 이 언어를 통달하지 못했다.) (『탐구』: 508)

그러나 여기에서 '나는 이 언어를 통달하지 못했다'에 대한 분명한 반박은 다음과 같다: '무슨 언어인가?' 부부부의 경우처럼, *a*가 'the'를 의미하고, *b*가 'weather(날씨)'를 의미하는 등등의 언어는 어디에 있는가? 그러한 언어가 없다면, 우리가 자의적인 기호들의 한 집합으로 다른 집합을 대신할 수 있다고 생각할 때 우리는 우리 자신을 속이고 있음에 틀림없다.

여기에서 우리는 『일반언어학 강의』나 『철학적 탐구』에서, 논의의 여지가 있지만, 결코 만족스럽게 다루어지지 않은 언어의 개신에 관한 숨겨진 문제의 빙산의 일각을 본다. 잠시 지적될 필요가 있는 것은 자의성과 언어 변화의 연관인데, 소쉬르는 살펴보았지만 비트겐슈타인은 무시한 것이다. 이 연관은 공시 언어학과 통시 언어학이 서로 맞물리는 것에 대한 소쉬르의 설명에서 아주 중요하다. 왜냐하면,

> 언어(랑그)가 사회적 영향력의 산물이라고 말하는 것이 자동적으로 그것이 그러한 방식으로 제약되게 되는 이유를 설명하는 것은 아니다. 언어(랑그)가 항상 과거의 유산이라는 것을 염두에 두고, 그러한 사회적 영향력이 시간에 따라 작용한다는 것이 덧붙여져야 한다. 부동성이 언어(랑그)의 특성이라면, 그것은 언어(랑그)가 공동체에 묶여 있기 때문만이 아니다. 언어(랑그)는 또한 시간에 묶여 있다. 두 요인은 분리할 수 없다. 과거와의 연속성은 계속해서 선택의 자유를 제한한다. 오늘날의 프랑스 사람

이 *homme*(남자)와 *chien*(개)과 같은 단어를 사용한다면, 그것은 이 단어들이 그의 선조들에 의해서 사용되었기 때문이다. 궁극적으로 이 대립되는 요인들 사이에는 연관이 있다: 자유로운 선택을 허용하는 자의적인 약정(관습)과, 선택을 고정시키는 시간의 변화이다. 기호가 단지 전통이라는 법칙만을 가지는 것은 자의적이기 때문이고, 그것이 자의적일 수 있는 것은 전통에 기반하기 때문이다.

(『강의』: 108)

◇ ◇ ◇

소쉬르는 두 종류의 자의성을 구별하는데, '절대적'과 '상대적'이라는 용어를 사용했다. 전자의 부류에 속하는 기호는 '무연적'(unmotivated)[23]이고, 후자의 부류는 '유연적'(motivated)이다. 그는 다음과 같이 주장한다: '아무 것도 전혀 유연적이지 않은 언어는 존재하지 않는다. 그러한 언어(랑그)를 생각해내는 것조차도 정의에 의해 불가능한 것이다.'(『강의』: 183) 분명히 소쉬르는 여기에서 비트겐슈타인의 건축가와 그의 조수에 의해 사용된 것과 같은 '언어'를 생각하고 있지 않다. 논의의 여지가 있을 수 있지만, 그것은 어떤 종류의 유연적 특질도 포함하지 않고, 바로 이 이유 때문에 아마도 소쉬르는 그것을 언어로 간주하기를 거부했

---

23) '무연적'은 언어기호와 그 기호가 나타내는 의미 사이에 어떤 본질적인 관계도 생각할 수 없는 경우를 뜻하고, '유연적'은 둘 사이에 어떤 본질적인 관계를 생각할 수 있는 경우를 뜻한다.

을 것이다. 한 가지 관련된 점이 비평가들에 의해서 때때로 지적됐는데, 그들은 후기 비트겐슈타인의 언어에 대한 논의에 중요한 공백이 있는데, '본원적'이지만 지나치게 단순한 언어 놀이에 대한 집중이 통사부와 관련된 맹점을 만들어낸 것이라고 생각했다. 건축가의 언어에 대해, 케니(Kenny, A.)는 다음과 같이 썼다.

> 그런데, 우리는 적어도 기술되는 단어와 문장 사이에 구별을 해낼 수 있을 만큼 언어 놀이가 충분히 복잡하지 않으면, 그것은 정말로 전혀 언어 놀이라고 불릴 만하지 못하다고 반대하고자 할 수 있다. 비트겐슈타인이 『논리-철학 논고』를 썼을 때, 명제의 표명과, 기존 단어로 새로운 의미를 표현할 가능성이 언어의 이해에 중요한 어떤 것이라고 생각한 것은 분명히 옳다. 건축가가 각기 다른 것들에 대해 '벽돌', '기둥', '석재'라고 부르는 언어 놀이가, 비트겐슈타인이 그럴 수 있다고 말한 것처럼, '완벽한 본원적 언어'가 될 수 있다는 것은 전혀 분명하지 않다.
>
> (Kenny 1973: 168−9)

여기에서 소쉬르의 언어관과 비트겐슈타인의 언어관 사이에서 시작되는 중요한 차이를 본다고 결론짓는 것은, 그러나 너무 성급하다. 왜냐하면 소쉬르는 언어에서 적어도 일부 어휘가 유연적이어야 한다고 주장하지 않았기 때문이다. 그가 불가능하다고 말한 것은 '아무 것도 전혀 유연적이지 않은' 언어이다. 그는 프랑스어의 수 체계를 언급하면서 유연성의 유무의 차이를 기술한다.

> 프랑스어 단어 *vingt*('스물')은 무연적인 반면에, *dix-neuf*('열 아

> 홉')은 동일한 정도로 무연적이지 않다. 왜냐하면 *dix-neuf*는 그것을 구성하는 단어들 *dix*('열')와 *neuf*('아홉')와, 동일한 수의 연속체 *dix*('열'), *neuf*('아홉'), *vingt-neuf*('스물 아홉'), *dix-huit*('열여덟'), *soixante-dix*('일흔') 등을 상기시켜 주기 때문이다. 개별적으로는 *dix*(열)와 *neuf*(아홉)는 *vingt*(스물)과 동일한 관계이지만, *dix-neuf*(열 아홉)는 상대적 유연성의 한 예이다. (『강의』: 181)

이것으로부터, 소쉬르가 dix(열)가 neuf(아홉)에 대해, vingt(스물)이 dix(열)에 대해 형식적으로 무관한 것과 마찬가지로 지시체(기호)들이 형식적으로 무관한 수 단어들의 집합을 완전히 무연적인 것으로 간주했을 뿐임이 분명해진다. 그러나 그러한 집합은, '하나'에서 무한까지 각각의 기수의 형태에 대한 용어가 개별적으로 학습되어야 할 것이라는 의미에서, 수 체계를 구성하지 않는다. 소쉬르의 총괄적인 요점은 언어를 구성하는 기호들의 어떤 집합도 그것처럼 구조화되지 않는다는 것이다. 언어적 구조의 특징적인 자질은 일종의 조합적 체계성이다. 그러나 이것이 소쉬르 언어학의 두 원리('자의성의 원리'와 '선형성의 원리')에서 자동적으로 나오지 않는다는 것은 중요하지 않다. 그에게 있어서 기호들이 선형적이면서 '절대적으로' 자의적인 기호학적 체계라는 개념에는 모순이 없다. 그의 요점은 그러한 체계가 (혹은 그러한 체계의 조합조차도), 프랑스어와 영어가 언어라는 의미에서, 언어로서 적절하게 기능할 수 있다는 개념을 진지하게 받아들일 수는 없다는 것이다. 즉, 우리와 같은 생명체들의 어떤 공동체가 다방면에 걸쳐 필요로 하는 것들에 만능인 의사소통의 체계로서 받아들일 수 없다는 것이다.

소쉬르적 견지에서, 『탐구』: 2에서 기술된 언어의 개별 단어들은 모두 무연적이고 통합적으로 분석될 수 없다. 그런데 우리는 비트겐슈타인이 건축가가 석재를 필요로 하는 순서로 건축가의 조수가 그것을 가져가야 한다는 것에 특히 중점을 두었다는 것에 주의해야 한다. 그래서, 논의의 여지가 있지만, 체계는 결국, 비트겐슈타인이 간단히 당연한 것으로 간주한, 통합적 측면이 있다. 달리 말해, 건축가가 단어를 발화한 순서는 그가 석재를 필요로 한 순서와 일치한다. 그러므로 순서는 중요성이 없지 않다.

그러나 이것이 통사부인가라고 물을 수 있다. 문제는 처음에 보이는 것보다 더 복잡하다. (그것은 매우 본원적인 언어 놀이에 대한 고찰이 확실한 방식으로 우리를 가르친다는 비트겐슈타인의 주장을 뒷받침한다.) 비트겐슈타인이 다른 곳에서 프랑스어 문장에서는 단어들이 화자에게 생각난 순서로 나타난다고 주장한 프랑스 정치가의 이야기를 인용한 것은 역설적이다.(『문법』: 107) 건축가의 단어 순서를 문장으로 간주하는 것은 이러한 실수와 대응하는 어떤 것인가?

여기에서 관련된 이론적 문제에 분명히 초점을 맞추는 것은 인접해서 얽혀 있는 무관한 것들로부터 그것을 분리시키는 데에 도움이 될 것이다. 첫째, 그 문제는 음성 산출의 기제나 심리학과 아무 관계가 없다. 아마도 비트겐슈타인의 건축가는 다소 여유 있는 속도로 일하면서 대략 매 5분마다 한 단어 정도를 말할 것이다. 아마도 그가 일하는 방식은 그에게 작업 순서에 아주 많은 융통성을 허용했을 것이고, 그 결과 그가 한 단어를 발화했을 때 그는 다음 단어가 무엇일지 알지 못했을 것이다. 일상 생활의 발화에서, 우리의 문장은 각 단어 사이에 5분이 넘지 않는데, 우리가 가끔 문장을 어떻게 끝낼지 알지 못하는 상태에서 시작한다 해도 그러하다. 통합은 발화의 속도, 담화 설계 전략, 그 순서의 요소들에 물론 종속되지 않는다. 통합적 구조는 색칠하기나 그리기의 구조보다 더 시간에 종속되지 않는다. 나는, 내가 지난 여름 휴가 때 시작한 스케치를 다음 주에 완성할 수 있는 것처럼, 여섯 달 전에 쓰기 시작한 문장을 오늘 계속할 수 있다. 어떻게 나는 그것이 동일한 문장이라는 것을 아는가? 믿든지 말든지 나는 그것이 동일한 스케치라는 것을 안다.

둘째로, 그 문제는 건축가의 발화와 상응하는 독일어나 영어의 발화와의 단순 비교로 해결될 수 없다. 비트겐슈타인 자신은 이 점을 분명히 했다.(『탐구』: 19, 20) '벽돌'이 '나에게 벽돌을 가져오라!'와 동일하고, 따라서 완전한 문장으로 간주하는 것에 대해 논의하는 것은 익숙한 영어의 구조를 명백히 그러한 구조가 없는 의사소통의 체계에 슬쩍 밀어 넣는 것에 지나지 않는다. 어쨌든, 우리에게 명령과 문장 사이의 일대일의 대응관계를 수용하도록 강요하는 것은 없다. (어떤 문법가도 '일어나서, 말하고, 입 다물어'가 세 가지 명령을 표현하기 때문에 세 문장이어야 한다고 주장하지 않는다.)

셋째로, 어떤 언어도 발화의 일부만을 가지는 통합 구조를 가질 수 없다는 것이 강조될 것이다. 그러나 이것은 각 명령이 별개의 문장으로 간주되는 난점의 또 다른 변형인 것 같다. 상이한 네 단어 중의 어떤 두 개가 연속되는 발화 중간에 때때로 (그리고 수의적으로) 단어 *and*가 사용된다고 규정하면서, 비트겐슈타인이 건축가의 어휘를 단어 *and*를 추가함으로써 늘린다고 가정하자. 조수도, *and*가 사용되건 아니건 간에, 동일한 과정을 거친다. 발화의 일부만을 가진 체계에 대한 반대는 이제 충족된다. 왜냐하면 이 증가된 체계가 '접속'을 가지기 때문이다. 그러나 이 의사소통적으로 무의미한 장식이 단번에 네 단어의 비-언어를 '순수한' 문장 구조가 구비된 다섯 단어의 언어로 바꿀 수 있는가? 이제 '구성'(construction)을 구별하고 나누기 위한 통사적 근거가 있는 것인가?

지금까지 검토된 종류의 고찰에 근거한 반대는, 정확히 소쉬르적 노선에 따라 구성될 수 있는 긍정적인 경우에 대해서는 많은 영향을 미치지 못할 것이다. 그것은 다음과 같을 것이다. 비트겐슈타인에 의해 기술된 건축가의 언어가 소쉬르의 선형성(linearity) 원리에 의해 지배되는 기호 체계로 파악된다면, 그렇게 보이는데, 그렇다면 핵심적 문제는 체계 안에서의 선형성의 관계가 의사소통적으로 적절한가이다. 순서의 변화가 '전언(message)을 바꾸는가'? 이에 대한 답은 분명히 '그렇다'이다. 더욱이, 선형성과 관련된 특질이 실제로 체계의 일부이고 외부적으로 부과되지 않았다는 것은, 『탐구』: 2에서 기술된 것처럼, 그 체계를 동일한 언어 단위를 사용하는 다른 가능한 체계와 대조함으로써 증명될 수 있다. 예를 들어, 건축가가 단어 '벽돌!' 다음에 단어 '석판!'을 발화할 때, 순서는 그의 조수가 그 반대 순서로 벽돌과 석판을 가져오는 것이 될 수 있다. 분명히, 이 체계와 비트겐슈타인에 의해 기술된 것과의 차이는 통합의 차이이다: 왜냐하면 아무것도 단어 벽돌과 벽돌, 석판과 석판, 등의 상관관계에서 바뀌지 않았기 때문이다. 이로부터 두 체계가 통합적 측면과, 더 나아가 단어의 연속적 순서화가 유연적인, 통합을 가진다는 것이 나온다. (그러나 그것은 여전히 자의적인데, 그 두 체계는, 건축가가 바라는 순서로 조수가 그 품목들을 가져온다는 것을 확실히 하기 위해 체계 안에서 선형성의 대조를 사용하기 위한 무한히 많은 가능성들 중의 단지 둘일 뿐이라는 점에서, 여전히 자의적이다.)

이것이, *dix-neuf*(열 아홉)에 대한 소쉬르의 설명 이상으로, 유연성을 의미와 동일시함을 의미하지 않는다는 것은 강조되어야 한다. 통합에서의 개별 기호는 무연적이다. 그러나 통합 자체는 그렇지 않다. 그런데, 소쉬르는 통합 전체가 유연적이라고 말하지 않았다: '열 아홉'의 불어가 *neuf-dix*(아홉 열)이어도 그것은 여전히 유연적이다. 그래서 요소들의 순서는, 이 합성 전체에서의 개별 기호와 마찬가지로, '절대적으로' 자의적이다. 열 아홉이 '아홉 더하기 열'이기보다 '열 더하기 아홉'인 것은 아니다. 달리 말해, 유연성은 유형의 규칙성과 혼동되면 안 된다. 하나에서 백까지의 불어의 수사 합성어 전체에서, 규칙은 '열이 단 자리 수를 선행한다'는 것이다: 그 유형은 항상 *dix-neuf*(열 아홉) 형이지 *neuf-dix*(아홉 열) 형이 아니다, 그러한 의미에서, 요소들의 순서가 불규칙적이지는 않지만, 그것은 여전히 무연적이다.

소쉬르식의 '유연성'의 핵심은 그 문제가 통합 층위를 제외하면 일어나지 않는다는 것이다. 개별 기호들은 결코 유연적이지 않다. 우리는 그러한 기호가 무엇과 비슷할 것인가에 대한 가정적인 예조차 인용할 수 없다. 예를 들어, 어떻게 프랑스어 수사

neuf(아홉)를, 그것이 여전히 '아홉'을 의미하면서도 (i) 유연성을 획득하고 (ii) 단일 기호로 남아 있도록, 변경할 수 있는가? 이것이 불가능하다는 것을 이해하는 것이 소쉬르의 자의성 개념에 근본적인 것을 파악하는 것이다. 동시에 그것은 왜 비트겐슈타인의 건축가의 언어에서 통합적 측면을 연역적으로 부정할 수 없는지를 파악하는 것이다. 확실히, 『탐구』: 2에서 제시된 체계는 불충분하게 기술되어 있다. 완전한 분석을 위해서는 구조 상의 계획에 관해서 훨씬 더 많은 것을 알 필요가 있을 것이다. 조수가 한 번에 한 품목 이상을 운반할 만큼 충분히 강한가? (적어도 비트겐슈타인의 생각에 대한 현재의 파악이 정확하다면) 더 많은 질문이 던져지고 답해질 필요가 있을 것이다. 왜냐하면 문제가 되는 것이, (i) 무엇이 '문법'에 의해 결정되는가(7장을 보라)와 (ii) 무엇이 '의사소통'에 의해 의도되는가(9장을 보라) 둘 다에 영향을 미치기 때문이다. 그러나 비트겐슈타인의 건축가에게 담화의 통합을 부정하는 것은, 언어 '안에' 있는 것과 언어 '밖에' 있는 것 사이에 자의적 경계선을 긋는 것에 대해 사실상 비트겐슈타인을 비난하는 것이다. 그리고 이것은 비트겐슈타인처럼 언어라는 용어의 광범위한 사용을 받아들일 준비가 되어 있는 누군가에게 그럴듯하게 겨눠질 수 있는 마지막 비난이다.

소쉬르의 경우에 자의성과 언어 구조 사이에는 밀접한 관계가 있다. 실제로, 소쉬르의 경우에 언어 구조가 통합 관계와 연합 관계 모두에서 자의성에 대한 제한에 의해 구성되어 있다고 말하는 것은 과장이 아니다.

> 체계로서의 언어와 관계가 있는 것은 모두 자의성의 제한을 고려해서 접근할 필요가 있다고 확신한다. 이것은 언어학자들이 무시해 온 접근법이다. 그러나 그것은 언어 연구에 최상의 토대를 제공한다. 왜냐하면 언어체계(랑그) 전체는 기호가 자의적이라는 비합리적 원칙에 근거하기 때문이다. 제한 없이 적용된다면, 그 원칙은 혼돈을 유포시킬 것이다. 그러나 정신은 특정한 영역의 다수의 기호들에 질서와 규칙의 원칙을 도입할 수 있었다. 이것이 상대적 유연성의 역할이다. 만약 언어의 작용원리가 완전히 합리적이라면, 그 자체로서 연구할 수 있을 것이다. 그러나 그것은 본질적으로 무질서한 체계에 부분적인 수정만을 하는 것이다. 따라서 언어구조(랑그)의 본질 자체가 요구하는 관점을 받아들여야 하고, 이 메커니즘을 자의적인 것에 제한을 부가하는 방식으로서 연구해야 한다. (『강의』: 182−3)

비트겐슈타인은 비슷한 용어로 자신을 표현하지 않았다. 그러나 그의 입장은 그럼에도 불구하고 여기에서의 소쉬르의 입장과 매우 가깝다. 얼마나 가까운가는 『탐구』: 2의 건축가의 언어에 대한 언급으로 예증될 수 있다. 우리는 다음과 같이 질문할 수 있다. 왜 비트겐슈타인은 건축 재료가 건축가가 필요로 하는 순서로 운반되는 것으로 규정하였는가? 그 문제에 답하기 위해 건축가의 조수가 아파서 외국인 이민 노동자로 교체되었다고 가정하자. 건축가는 그의 새 조수가 그 언어를 이해한다고 가정한다. 사실 그는 그렇지 못하지만 끝까지 그의 뜻대로 속일 수 있기를 바란다. 이러한 상황에서 무슨 일이 생길까?

그 예를 분명히 하기 위해, 건축가와 조수가 서로를 볼 수 없다고 더 가정해 보자. 그래서 건축가는 그가 필요한 것을 대상을 가리켜서 지시할 수 있는 방법이 없다. 건축가는 승강기 통로 아래로 소리를 지르고, 조수는 요구된 것을 올려야 한다고 생각하자. 우리는 새 조수가 적어도 그의 일이 건축가가 필요한 품목을 보내는 것임을 파악하고 있다고 가정할 수 있다. 그러나 그는 단지 어떤 단어가 창고에 있는 쓸 수 있는 네 가지 유형의 건축 재료 중의 어느 것과 일치하는지를 알지 못한다. 그래서 그는 언젠가는 건축가가 네 가지 모두 필요할 것이므로, 그가 합리적인 선택에 따라 건축가에게 제공한다고 가정하면서, 어떤 순서로 그것들이 도착하는지는 문제가 되지 않는다고 생각한다. 그래서, 건축가가 외치면, 조수는 단순히 무작위로 네 더미 중의 하나에서 한 품목을 가져 온다. (아마도 그는 건축가의 지시를 기다리는 동안 승강기 통로 아래에서 기다려야 하는 다른 일이 있다.)

이러한 상황에서 건축가의 전략은 무엇일까? 그는 곧 그가 승강기 아래로 '벽돌!'이라고 외치면 그것을 얻을 확률이 1/4뿐임을 발견할 것이다. 그래서 그가 '벽돌'이라고 할 때 석판이 도착하면 그는 단순히 그것을 옆으로 밀어 놓고 결국에 벽돌이 도착할 때까지 '벽돌!'이라고 외칠 것이다. 석판이 필요한 다음 순서에서 그는 이미 '벽돌!'이라고 외쳐서 얻은 석판이 손에 있기 때문에 '석판!'이라고 외칠 필요가 없다, 등등. 이 새로운 상황에 적응하면서, 건축가는 그가 보통 때처럼 많은 것들을 처리할 수 있다는 것을 발견한다.

이러한 새로운 상황에서는 여전히 여러 종류의 의사소통이 일어난다. 그러나 그것은 더 이상 건축가가 이전의 조수와 사용하던 체계가 아니다. 실제로, 버려진 것이라고는 건축가가 필요로 하는 순서로 재료가 운반되던 조건이다. 이 조건을 버린 결과는 실제에서 벽돌과 벽돌, 석판과 석판, 등등 사이에 어떤 의사소통 상의 일치가 더 이상 있지 않다는 것이다. 여전히 건축가의 마음에서의 일치는 있을 수 있다. 그러나, 비트겐슈타인이 처음으로 지적했듯이, 그것은 전혀 다른 문제이다. 그 의사소통 체계 자체에서 그러한 상관관계가 파기된다.

상관관계가 파기된다고 하는 것은 무엇을 의미하는가? 그것은 자의성의 영역이 급격히 증가되어 왔음을 의미한다. 전에는 건축가가 '벽돌!', '석판!', '기둥!', '들보!', 어느 것을 말했느냐가 중요한 차이가 있지만, 이제는 전혀 차이가 없다. 그것은 실제로 완전히 자의적이다. 건축가가 벽돌이 필요할 때 계속해서 '벽돌!'을 외친다면, 그것은 단지 습관의 힘에 의한 것일 것이다. 그는 '들보!'라고 외치면 벽돌을 얻을 확률이 높은 상황에 있을 것이다.

옛날 상황과 새로운 상황의 대조는 중요한 점을 깨닫게 한다. 가져 올 품목의 순서에 관한 비트겐슈타인의 규정은 쓸데없지 않다. 그것은 소쉬르가 건축가의 언어에서 '자의성의 제한'이라고 했을 것에 대한 열쇠를 가지고 있다. 왜냐하면 그 열쇠가 없으면 의사소통 체계 전체의 구조가 붕괴하기 때문이다. 달리 말해, 통합과 기호의 종류는 상호 의존적이다. 무제한의 자의성은 언어의 혼돈과 같다. 그리고 이것이 그러하다는 것은, 언어가 놀이처럼 그 세계에서 '외부에' 감추는 것이 없고 언어의 내적 조직을 중심으로 해서 유지된다면, 틀림없다.

다시, 이러한 결론은 일단 언어가 '놀이' 관점에서 조망되면 필연적인 결과로서 나온다. 체스에서 말들의 움직임을 지배하는 규칙은, 놀이꾼이 선택한 어떤 방식으로든지 그것들을 움직일 수 있다는 자의성에 대한 제한이다. 그러나 이제 체스의 자의성을 증가시키기 위한 다음의 제안을 고려해 보자: 나이트를 제외한 모든 말들이 표준적인 놀이에서처럼 움직이는데, 나이트는 전혀 어떤 제약이 없이 움직이는 것이 허용된다고 하자. 이러한 제안을 주장하는 체스의 개혁에 대한 어떤 운동이라도 실제로는 체스의 폐지를 주장하고 있는 것일 것이다. 그 결과가 다른 놀이이기 때문이 아니라 그것이 전혀 놀이가 아니기 때문이다. 다른 말들은 전통적인 움직임을 유지하면서 나이트에 무제한의 이동의 자유를 허용하는 것은 우리를 놀 수 있는 영역에서 놀 수 없는 영역으로 이동시키는 것이다. 그러한 의미에서 또한 기호와 통합은 서로 체계적으로 맞물려 있다.

7

문법

소쉬르와 비트겐슈타인은 분명히 매우 비전통적인 방식으로 전통적 용어인 **문법**을 사용하게 되었다. 그들은 둘 다, 20세기의 언어관에 지속적인 영향을 미친 방식으로 그 용어를 새로운 방향으로 사용하도록 한 것에 대한 책임이 있다고 할 수 있다. 그들의 작업에서 나타나는 '문법' 개념은 두 경우 모두에서 '자의성'의 개념과, 언어가 많은 측면에서 규칙에 따라 하게 되는 놀이와 비슷하다는 생각과, 밀접히 관련된다. 소쉬르는 그의 문법 개념과 더 일반적으로 통용되는 개념 사이에 충돌이 있음을 매우 잘 깨닫고 있었다. 비트겐슈타인은 그것이 그에게 지적되었었지만 잘 깨닫지 못한 것이 분명하다.

◇ ◇ ◇

서구 전통에서 문법은 본래 쓰기 교육과 관련된다.

> 쓰기의 발달과 사용이 그리스에서 언어적 학식의 첫째 부분이었다는 것은 단어 *grammatikos*의 역사에 의해 입증된다. 플라톤과 아리스토텔레스의 시기까지 포함해서 그 단어는 단순히 *grammata*를 즉 문자의 사용을 이해하고, 읽고 쓸 수 있는 사람을 의미했고 *technē grmmatikē*는 읽고 쓰는 기술이었다. (Robins 1979: 13)

문법은 나중에 그리스-로마의 교육 계획의 중심적인 부문으로 발전했고 현대에서보다 훨씬 더 광범위한 영역의 주제들을 다루었다. 퀸틸리안[24] 시대의 문법가는 전문적 교사였는데, 그의 대의는 학생들에게 위대한 문학 작품에 대한 연구를 소개함으로써 학생들을 완전히 읽고 쓸 수 있도록 하는 것이었다. 디오니시우스 트락스[25]의 작품으로 여겨지는 초기의 문법 보고서는 문법의 여섯 분야를 언급하고 있는데, 가장 중요한 것은 '문장 작문의 감

---

24) Quintilianus, Marcus Fabius(35?−95?). 고대 로마 제정 초기의 웅변가이자 수사학자로서, 로마에서는 처음으로 국가의 봉급을 받고 제1대 수사학 교수의 책임자로 활약하였다. 그는 문법을 두 부분으로 나눌 수 있다고 생각했는데, 하나는 '정확한 표현에 대한 학문'이고 다른 하나는 '시의 해석'이다. 또한 언어 교육의 목적은 작문이라고 보아 교육의 순위에서 문법을 수사학 다음에 두었다.

25) Dionysius Thrax.기원전 2세기에서 1세기 사이의 호머 학자로서, 『기술 문법』(*technē grammatikē*)으로 가장 잘 알려져 있다. 그의 문법은 현존하는 최초의 그리스어 문법으로 간주되는데, 서구의 문법 전통에 심대한 영향을 미쳤다. 문장을 하나의 완전한 뜻을 표현하는 단어들의 결합이라고 한 유명한 정의는 그로부터 유래하는 것이다. 이 밖에도 그는 명사를 보통 명사와 고유 명사로 나누었고, 그리스어 동사의 형태론적 특성에 관해서도 최초로 상세하게 기술하였다.

상'이라고 할 수 있다.(Robins 1979: 31)

그러나 중세에 문법의 영역은 급격하게 축소되었다. 그것은 대학의 전공 위치에까지 중요성이 증가되어 왔는데, 논리학, 수사학과 나란히 순위가 매겨진 3학과(trivium)[26]의 한 분야이었다; 그러나 그 내용은 줄었다. 문법은 사실상 고대의 가장 유명한 두 문법에 설명되어 있는 것이었다: 프리스키안[27]과 도나투스[28]의 라틴 문법. 비-고전 언어의 '문법'에 대한 개념은 단지 생각되지 않았고, 프리스키안과 도나투스가 음성학자도 사전편찬자도 아니었으므로 중세 문법은 실제로 단순히 라틴어 형태론과 통사론이었다.

이후의 수세기 동안 유럽의 국가들은 점차 토속어로 된 그들

---

26) 중세 대학의 일곱 가지 교양 과목 중 문법, 수사학, 논리학의 3과목.

27) Priscian(500년경). 로마제국 시대의 언어학의 정점이자 마지막을 대표하는 학자로서, 로마제국의 수 세기 동안의 문법 연구를 수집하고 체계화하였다. 18권으로 된 그의 Institutiones grammaticae는 16권의 형태론과 2권의 통사론으로 이루어져 있다. 특히 그의 형태론적 기술은 철저하며, 굴절에 따른 어형 변화의 틀 안에서의 단어 형성에 대한 규칙은 오늘날의 형태론에서도 이론적 가치를 가지고 있다. 또한 통사론을 다루고 있는 2권의 책은 중세의 통사 연구의 기초가 되었다.

28) Donatus, Aelius(310년경-363년 이후). 고대 시대에 가장 영향력이 있었던 문법 *Ars minor*와 *Ars maior*의 저자이다. 전자는 발화(말)를 여덟 가지로 나누어 분석한 기초 문법이고, 후자는 주로 음절, 강세 등과 단어들의 결합에 대한 측면들을 개관하고 있다. 그의 문법은, 문학 텍스트의 언어적 분석을 돕기 위한 메타언어적 어휘를 기르는, 기술적(descriptive)이 아닌 분류론적인 데에 초점이 있다. 600년에서 800년 사이에 쓰여진 새로운 문법들은 모두 사실상 도나투스의 문법을 모델로 하였으며, 그 대중성은 15세기까지 유지되었다. *Ars minor*의 증보판은 중세 후기에, 중세 영어, 고대 프랑스어, 중세 고지 독일어 등을 포함한, 여러 토착 언어들로 번역되어 널리 읽혔다.

자신의 문학의 대부분을 얻었고, 라틴어가 학습, 정치, 종교의 국제 언어로서의 기반을 잃기 시작한 것처럼, 프리스키안과 도나투스가 라틴어에 대해서 한 것으로 생각된 의무를 문법가들이 토착언어에 대해서 해야 한다는 생각이 세력을 얻었다: 즉, 확실하게 '규칙을 정하는' 것이다. 이러한 필요성은 언어의 통일성이, 그것의 결여로 인해, 그리고 서로 경쟁하는 숙어들에 의해, 또한 다른 것과 경쟁하는 방언 형태들에 의해, 부각되던 시기에 특히 느껴졌다. 르네상스 이후로 권위 있게 '규정된' 언어를 가진다는 것은 점차 유럽의 형세에서 완전한 '국가' 지위를 갈망하는 어느 국가에나 꼭 필요한 것이 되었다. 이러한 분위기의 생각에서는, 문법가의 가장 중요한 역할이 언어 제정가의 역할로 간주되게 되었고 문법은 문법가가 제정한 산물로 간주되게 되었다.

이러한 '제정적'(legislative) 맥락에서 특히 중요해진 구별은 문법과 '용법'(usage)의 구별이다. 용법은, 그것이 통용되고 있고 잘 확립되었다 해도, 자동적으로 '문법적'이 되지는 않는다. 반대로, 확립된 용법이 항상 정확하다면, 문법가는 할 일이 없어질 것이다. 용법은 정확해 지기 위해 문법에 조화되어야 하는 것이다. 정확해 지기 위해 용법에 조화되어야 하는 것이 문법이지는 않다. 문법 교육의 목적은 바로 사람들에게 친숙한 용법 중에 어느 것이 맞고 어느 것이 틀렸는지를 가르치는 것이다. 이러한 가정에 근거하고 이러한 가정의 취지에서 추구된 문법은 나중에 (그것을 그 주제의 아주 다른 개념화와 구별하기 위해) '규정 문법' 혹은 '규범 문법'이라고 불리게 되었다. 그것은 또한, 비록 오해이긴 하지만, 때때로 '전통 문법'이라는 용어에 함축되어 있는 것으로 간주되는 것이다. (왜냐하면 모든 전통 문법이 규범적이지 않고, 모든 규범 문법이 전통적이지 않다.)

여러 시기에 규범 문법가들은 정확한 용법에 관한 그들의 규범적 견해를, 논리적 차이를 언급함으로써 정당화하려고 하였고, 다시 인간 정신의 보편적 작용에 대해 언급함으로써 설명할 수 있는 것으로 간주하였다. 이러한 형태의 정당화는 중세의 **모디스타이**(modistae)[29]에게 소급되는데, 그들은 언어를 표현의 이성적 체계로서 철학적으로 '설명하려고' 했고, 궁극적으로 아리스토텔레스적 뿌리를 가지고 있다. 그런데 이것은 특히 16세기와 17세기에 일반적이게 되었다. 그 시기의 문법가들에 의해 내려진 빈번한 가정은 어떤 개별 언어의 특정 문법 밑에는 인류 전체에 공통적인 '일반 문법' 혹은 '보편 문법'이 있다는 것이다. 이러한 이성주의적 관점 안에서, 가장 '좋은' 언어는 용법이 일반 문법의 원리를 가장 특징적으로 반영하는 것으로 간주되는 경향이 있다. 이는 다시 보편 문법에 기반해서 이상적인 언어를 구성하는 것이 가능해야 한다는 생각에 이르렀다. ('보편적 언어', '철학적 언어' 혹은 '실제 특성'으로 다양하게 불린) 그러한 체계를 고안하려는

29) 12세기 후반에서 14세기 중반까지 성행한, 언어 사실을 설명하기 위해서, 그리고 스콜라 철학자들이 발전시켜온 언어 철학과 언어 논리를 구체화한 문법적 진술을 만들기 위해서, 새로운 형식을 사용한 일련의 학자들. 논문이 modi significandi(표현 양식)에 대한 논문의 형식으로 진술되어 있어서 그 저자들은 모디스타이(modistae)로 알려졌다. 그들은 인간의 이성과 현실 구조에 근거를 둔 하나의 보편문법이 존재한다고 믿었다. 그들에 따르면, 문법가는 세계와 세계의 내용에 대한 자신의 이해를 언어로 표현한다.

시도는, 현대적 학문의 형태로 자연 과학이 탄생하고 발달하는 것과 관련된 지적 활동에서 특히 특징적이었다.

이전 시기의 규범적 편견과 이성주의적 편견에 대한 반작용은 19세기를 경과하면서 여세를 모았다. 그것은 인구어들에 대한 '비교 문법'의 연구에 의해 선도되었다. 왜냐하면 비교언어학자들의 문법은 본질적으로 살아 있는 언어이건 더 이상 쓰이지 않는 언어이건 간에 검증된 용법의 증거로부터 추론될 수 있는 음운적, 형태적, 통사적 패턴들의 복합체이기 때문이다. 이러한 관점에서는 한 언어의 문법은, 그 언어의 문법가의 견해에 대한 접근 없이도, 그리고 어떤 일반 문법의 가정된 원리에 대한 의존 없이도, 학자들이 쓰여진 텍스트나 필사본의 형태로 된 충분한 양의 증거를 이용할 수 있으면, 오히려 계통적으로 관련된 언어들이나 통시적으로 연속적인 동일 언어의 변이형들의 집합을 포괄하면서, 발견되거나 재구될 수 있다. 문법에 대한 이러한 접근은, 문법 연구를 위한 유일한 '과학적' 기반으로 폭넓게 간주되었는데, '기술적'(descriptive)이라고 불리게 되었다. (이 용어는 일반적으로 규범적 관점의 거부와 언어 구조의 이성주의적 설명의 가능성에 관한 신중한 불가지론 둘 다를 함축하는 것으로 해석된다.) 따라서 문법은, 계속해서 발전하는 의사소통적 행위의 모체의 단지 일부만으로 간주되는데, 언어 공동체의 구성원들의 주관적 파악에서 대부분 벗어나는, 역사가의 객관적 시각에 맞추어 분명해진 요인들에 의해 형성된 것이다. 따라서, 문법적 사실의 유일한 '과학적' 설명은 역사적 설명이다.

◇ ◇ ◇

위에서 대략적으로 기술된 역사적 배경은, 『일반언어학 강의』 전반에 걸쳐서 있는 문법과 문법가들에 관한 여러 가지 표명들의 배후에 있는 것을 이해하기 위해 필요한, 최소한의 것이다. 소쉬르가 문법의 유일한 목적을 '정확한 형태와 부정확한 형태를 구별하는 규칙을 제공하는 것'으로 기술하고 문법가들의 접근을 비과학적인 것으로 혹평했을 때(『강의』: 13), 그의 목표는 규범 문법이었다. 그가 '역사적 문법'의 실재를 부정했을 때(『강의』: 185), 그의 목표는 비교문법가들과 그들의 계승자에 의해 신봉된 문법 개념이었다. 그가 언어학이 '항상 본래 문법가에 의해 도입된 개념으로 작업되고 있다'고 비난했을 때(『강의』: 153), 그는 전통적인 발화 체계의 부분들과, 디오니시우스 트락스에게 소급되는 관련된 용어법을 염두에 두었다. 그의 문법사에 관한 일반화는 전면적이고 그의 '전통 문법'의 규범 문법과의 동일화는 노골적이었다.(『강의』: 118) 그러나 이러한 결점을, 가끔 제안되었던 것처럼, 소쉬르의 무지로 돌리는 것은 어리석은 것 같다. 그는, 자신의 모든 경력을 인구어 연구에 쏟았으며, 그리스어와 로마어 문법가들과 마찬가지로 산스크리트어 문법가들과도 똑같이 친숙했던 학자로서, 그와 같아지기도 쉽지 않은 학자였다. 문법에 대한 소쉬르의 경멸적인 관찰은, 소쉬르 자신의 언어학에서의 '코페르니쿠스적' 혁명으로부터 그 이론적 근거를 이끌어내는 논쟁법의 일부로서 파악되어야 하고, 소쉬르가 문법을 보는 올바른 방식으로 제안한 것과 대비되어야 한다.

소쉬르의 평가에 따르면, 규범 문법가, 보편 문법가, 비교 언어학자는 모두 하나의 공통적인 잘못이 있다. 그들은 문법이 아닌 것을 문법으로 잘못 생각했는데, 그것은 문법으로부터 파생된 것이다. 그들은 문법을 그 부산물과 혼동한 것이다. 이러한 혼동은 세 가지 별개의 경우들에서 다른 형태를 취한다. 규범 문법가는 문법적 사실들을 그러한 사실들에 근거한 가치 판단과 혼동하였는데, 부분적으로는 사회적인 우위를 점하기 위해 경쟁 중인 하나의 용법을 다른 것과 비교하는 데에서 발생한 혼동이다. 보편 문법가는 문법적 사실들을 그 사실들을 사용하는 논리적이거나 심리적인 작용과 혼동하였고, 따라서 하나의 언어와 다른 언어 사이에 축소시킬 수 없는 차이를 축소시키려고 잘못 시도하였다. 비교언어학자는 문법적 사실들과 문법의 결과로서 시간에 걸쳐 나타나는 역사적 규칙성을 혼동하였다. 셋 모두, 간단히 말해서, 다른 방식과 다른 결과를 얻었지만, **랑그**와 **파롤**을 구분하는 데에 실패한 것이다. 이들의 결과는 공통적인 것이 없었고 진정한 언어 과학을 확립하는 데에 불리한 것에 지나지 않았고, 실제로 매우 파괴적이었다.

소쉬르의 문법 개념은 구조주의 언어학의 중심 원리이다. 문법은 본질적으로 공시적이다. 어떤 언어에 대해서나, 그 언어사의 어떤 시기에나, 공시적인 구조적 사실들의 총합이 그 언어의 문법을 구성한다. 이것이 소쉬르의 경우에 문법적 사실들이 전통적으로 **문법**이라는 용어에 포함되었던 것보다 훨씬 더 넓은 범위를 포괄하는 이유이다: 특히, 문법적 사실은 단순히 형태론과 통사론의 사실이 아니다(어떤 경우에도 소쉬르가 반대한 구분이다). 그것은 또한 소쉬르가 '역사 문법'에 대해 아무 말도 하지 않게 된 이유이다: 문법은, 본질적으로 공시적인 것으로서, 역사적으로 별개인 체계들에 걸쳐서 획득된 관계들을 포괄할 수 없다. 하나의 문법은 시간에 따라 다른 문법으로 '변화하지' 않는다: 통시적으로 연속적인 두 문법은 어떻게 해도 동일한 하나의 문법의 역사적 변이형이 되지 않는다.

문법은 놀이의 구조와 유사한 지위를 가진다. 성분들과 규칙들이 다르면, 두 놀이가 동일한 이름으로 진행된다 해도 우리는 다른 놀이를 하고 있는 것이다. 모두 '체스'라고 불리는 상이한 놀이들 사이의 역사적 연관을 추적하는 것이 가능하다 해도, 그 자체가 문제의 '그' 놀이가 되는, 이 놀이들의 역사적 혼성물은 없다. 반대로, 그러한 혼성물은 전혀 놀이가 아니다: 그것은 상충되는 규칙들의 뒤범벅이 되기 때문에 놀 수가 없다. 비슷하게, 아무도 라틴어와 프랑스어를 동시에 말할 수 없다: 라틴어 문법과 프랑스어 문법이 단순히 대안적 형태가 되는 언어는 어떤 것도 없다.

◇ ◇ ◇

비트겐슈타인은 소쉬르처럼 **문법**이라는 용어를 그것의 일반적인 적용에만 국한하는 것을 거부했다. '이례적이고 특유한'(Baker and Hacker 1980: xix)은 무책임한 방식의 기술인데, 그는 그것을 언어에 관한 그의 논증에 사용했다. 다른 철학자들(무어[30]), 바이스

30) Moore, George Edward(1873-1958). 영국의 철학자로서 러셀, 비트겐슈타인과 함께 케임브리지학파를 대표한다. 신실재론의 선구자로서, 상식

만[31])은 이러한 혼란을 발견했고 그렇다고 말했다. 덜 너그러운 판단은 비트겐슈타인이 모든 인식들 중에서 보통 **문법**에 의해 이해되는 것을 뒤틀었다는 것일 것 같다. 문법에 대한 그의 호소 중의 일부(예를 들어, 한 개념의 '문법'에 대한 그의 이야기)는 직접적인 비유(상응하는 단어나 단어들의 문법으로부터의 투사)로서 쉽게 이해될 수 있는 반면에, 다른 표명들은 그의 독자들을 기대에 어긋나게 하였고, 아마도 그렇게 하려고 의도되었던 것 같다. 첫눈에는 다음과 같은 일반화가 무엇을 하려는 것인지 알지 못한다.

> **본질**은 문법에 의해 표현된다. (『탐구』: 371)
>
> 문법은 우리에게 어떤 것이 어떤 종류의 대상인지를 말해 준다. (『탐구』: 373)
>
> 명제가 다른 명제를 함의하는가는 명제의 문법과 오직 그 자체만으로 분명해야 한다. (『문법』: 256)

소쉬르의 경우에서처럼 이러한 경우들에서도 우리는, 우리가 문

과 일상 언어적 표현의 옹호 및 분석적 수법에 의하여 그 후의 일상언어학파에 큰 영향을 미쳤다.

31) Waismann, Friedrich(1896－1959). 빈 학파의 일원으로서, 사후에 출판된 후기 비트겐슈타인 철학의 해설인 『언어 철학의 제 원리』(*The Principle of Linguistic Philosophy*, 1965)에서 논리 실증주의에 따라, 관계의 의미와 관계의 대상에 대해서는 아무것도 알려 하지 않고 실재의 대상을 단지 기술하려고만 하는 '구조적 기술'은 사실상 불가능하며 또 논리적 모순에 부딪친다는 것을 보여 주었다.

법이라는 단어가 의미한다고 생각할 수 있는 것과 의견을 달리하고 있는 것 같고, 그 단어가 논쟁적 의도에서 언어학적 일반 관념(idees reçues)의 상투적인 방식으로부터 우리를 빼내고자 골몰하는 이론가에 의해서 무모하게 유용되었음을 인정하도록 강요받는 것 같다.

비트겐슈타인도 문법 용어를 새로운 방식으로 사용하였다. 예를 들어, 발화의 일부라는 표현은 다음과 같이 사용하였다: '일상 문법에서 우리는 "모양 단어", "색깔 단어", "소리 단어", "물질 단어" 등을 발화의 다른 부분들처럼 구별할 것이다.'(『문법』: 61) 따라서 타원, 원, 사각형, 등은 빨강, 노랑, 녹색 등과 발화의 다른 부분에 속할 것이다. 비슷하게, '타원'은 모양 단어이다는 '타원'은 명사이다와 비슷할 것이다. 비트겐슈타인은 이와 같이 발화의 부분들을 더 하위분류하는 데에 실패하는 것이 문법가들에 의한 단순한 간과 혹은 과도한 단순화의 결과인 것처럼 썼다.

비트겐슈타인이 소쉬르처럼 문법이라는 용어를 신중하게 인습타파적인 방식으로 사용했는가? 일부 비평가들은 이를 의심한다.

> 비트겐슈타인은 문법의 개념을 확대 해석하거나 다른 개념의 문법을 도입하기까지 했는가? 그는 분명히 이를 부인했다 . . . 비트겐슈타인이 문법의 규칙이나 규칙들을 확대 해석하고 있는가? 역시 그가 그렇게 생각했다고 보이는 증거는 없다.
>
> (Hacker 1986: 182)

그런데, 이에 반해서 (앞에서 인용한 『문법』: 61에서처럼) 비트겐슈타인 자신이 때때로 '일상 문법'(ordinary grammar)에 대해 말했다는 사실이 제기되어야 된다. 필자가 그리 일상 문법이 아닌 것에 대해 자주 말하고 있음을 깨닫지 못한다면 도대체 왜 그는 **일상 문법**과 같은 표현을 사용할 필요를 느끼는지 물을 수 있다. 혹은 왜 그는 (어떤 생성 문법보다도 앞서서) '심층'(deep) 문법과 '표층'(surface) 문법(*Tiefengrammatik*와 *Oberflächengrammatik*)을 구별할 필요를 느끼는가에 대해서도 물을 수 있다.

> 단어의 사용에서 우리는 '표층 문법'을 '심층 문법'으로부터 구별할 수도 있을 것이다. 단어의 사용에서 우리에게 직접 각인되는 것은 그 단어가 문장 구성에서 사용되는 방식, 그것의 사용 중의 한 부분 — 말하자면 — 우리가 귀로써 파악할 수 있는 부분이다. — 이제, 심층 문법을, 가령 '뜻하다'란 단어의 심층 문법을 그것의 표층 문법이 우리로 하여금 추측하게 하는 것과 비교하라. 우리가 우리의 방식을 잘 알기 어렵다는 것을 발견한다 해도 놀라운 일이 아니다. (『탐구』: 664)

이로부터 문법에 관한 비트겐슈타인의 언급의 대부분이 '심층 문법'에 관한 것임이 분명한 것 같다: '심층 문법'이 무엇이든지 간에, 그것은 확실히 문법책의 '일상 문법'이 아니라는 것이다.

마지막으로, 철학가가 '시간과 진리-함수는 그 양식이 매우 다르기 때문에, 그리고 그것들은 오직 문법에서만 그 본질을 분명히 드러내기 때문에, 문법이야말로 상이한 양식을 설명해야 한다'(『문법』: 216)라고 썼을 때, 문법이 무엇인가에 대한 우리의 일상적 개념으로 그가 의도적으로 물수제비뜨기 놀이를 하고 있지 않다고 믿기는 어렵다.

그것이 그렇다 해도, 그리고 '심층 문법'이 일상 문법과 관련되는 방식에 관해 우리가 어떤 의심을 가진다 해도, 놀이의 규칙이 '문법적' 성격을 가진 것으로 보려는 비트겐슈타인의 준비에 관해 의심을 품을 필요는 없다.

> 문법은 언어에서 단어들의 사용을 기술한다.
>
> 그래서 그것은 어쨌든, 놀이에 대한 기술이, 즉 놀이의 규칙들이 놀이에 대해 가지는 것과 동일한 관계를 언어에 대해 가진다.
> (『문법』: 60)

(우리가 주목하는 '문법'과 '규칙'은 여기에서 기술로서 그려져 있다.) 비슷하게, 그가 '"나는 '노랑'이라는 단어를 사용할 수 있다"는 "나는 체스에서 왕이 움직이는 방식을 안다"와 같다'(『문법』: 49)라고 했을 때, 왕이 움직이는 방식을 아는 것이 그것을 규칙에 맞게 움직이는 방식을 아는 것인 한, 우리가 언어의 규칙(즉, 문법)에 의해 결정되어 있는 것으로서 노랑이라는 단어의 사용을 알게 된다는 것은 의심할 여지가 없다.

따라서 비트겐슈타인에게는, 소쉬르에게처럼, 문법의 영역에서 어휘와 의미론을 배제하는 것이 아무 의미가 없다. 또한 형태론과 통사론적 현상이 문법의 영역에서 어떤 우월한 자리를 차지하지 않는다. 일단 우리가 단어의 배치에 특징적인 조합 가능성이 단어가 의미하는 것과 무관하지 않다는 것을 알면, 단어의 사용을 지배하는 규칙들의 별개의 두 집합 사이의 어떤 차이도 기껏해야 설명적 편의가 되고 잘못하면 오해된 양분법이 된다. 비트겐슈타인은 다음과 같이 논증한다.

> 우리는 "언어와 실재의 연관"을 설정하는 문법 규칙들과 그렇지 않은 것들을 구별하려는 경향이 있다. 첫째 종류의 규칙은 "이 색은 '빨강'이라고 한다"이고, 둘째 종류의 규칙은 "~~p = p"이다. 이러한 구별과 관련해서 공통적인 잘못이 있다. 언어는 구조가 먼저 주어지고 나서 실재에 맞춰지는 어떤 것이 아니다.
>
> (『문법』: 89)

소쉬르는 그 자신의 용어로 다음과 같이 말함으로써 그에 상응하는 것을 지적할 것이다: '언어는 먼저 통합이 구비된 다음에야 기호로 주어진 것이 아니다.' (다른 형태의 동일한 실수가 나중에 영어, 불어, 라틴어, 등등에서 통사론이 '자율적'으로 간주될 수 있다고 주장한 생성 문법가들에 의해 이루어졌다.) 비트겐슈타인은 다음과 같이 표명했다: '기호는 자신의 임무를 문법 체계 안에서만 수행한다'.(『문법』: 87) 그러나 이것은 기호와 문법이, 전자가 어울리게 되는 빈 틀을 후자가 제공하는, 두 가지 별개의 부문임을 함축하는 것으로 이해되면 안 된다. 오히려, 기호 자체는 한 언어의 문법의 일부이다.

◇ ◇ ◇

비트겐슈타인과 소쉬르에게 있어서 문법에 대한 논의는 다양한 방식으로 규칙들에 대한 논의에 귀결된다: 소쉬르보다 비트겐슈타인의 경우에 더 뒤얽혀 있다. '규칙'이라는 개념은 언어와 놀이의 유추에서 중요한 고리들 중의 하나이다. 그것이 없었다면 유추는 곤란한 어려움을 겪거나, 완전히 망쳐졌을 것이다. 동시에, 그것은 견고하지 못한 고리이고 두 사상가에게 문제들을 일으키는 것이 된다.

문법(grammar), **놀이**(game), **규칙**(rule), **문법의 규칙**, **놀이의 규칙**이라는 표현들은 유럽의 주요 언어들 모두에 그에 상응하는 어휘들이 있었고, 이는 소쉬르와 비트겐슈타인이 단순하게 받아들인 일반적인 문화 유산의 일부였다. 『일반언어학 강의』나 『철학적 탐구』를 그러한 특정 단어들의 연쇄에 해당하는 어휘가 없는 언어로 번역하는 것은 심각한 문제를 제기한다: 그것은, 유럽의 모든 언어들이 프랑스어의 *langage*(언어)와 *langue*(랑그)의 짝에 맞는 분명한 어휘적 짝을 가지고 있지 않다는 사실로 인해서, 혹은 유럽의 모든 언어들이 독일어 *Satz*(문장/명제)와 완전히 동일한 개별 단어가 없다는 사실로 인해서 나타나는 번역의 문제보다 훨씬 더 심각하다. 이 후자의 문제들도 물론 심각하다. 그러나 **규칙-문법-놀이**의 복합체와 관련된 수수께끼는 훨씬 더 나쁜 것 같다. 이 수수께끼에 대한 지적이면, 소쉬르와 비트겐슈타인이 둘 다 (워프식의 용어를 사용해) '유럽의 표준적인 평균적' 사상가라는 것과 관련된 예를 제시하라는 것에 대한 충분한 답이 될 것이다.[32]

---

32) 워프(Whorf)는 인간의 경험과 사고양식이 언어 습관에 의해 규정되며, 따라서 언어가 다르면 그 세계관도 다르다는 가설을 제시했다. 이러한 가설에 따르면, 소쉬르와 비트겐슈타인이 보여준 관점과 논리, 사용 예 등의 공통점은 그들이 당시 유럽의 다른 사상가들과 마찬가지로 '규

소쉬르와 비트겐슈타인이 문법과 규칙과 같은 용어들을 사용하는 방식의 다양한 특징들은, 이러한 공통의 배경에서 비롯한 것이다. 예를 들어, (i) 문법과 규칙이 놀이를 하는 방식이나 단어를 사용하는 방식에 관한 질문에 대한 대답으로서 제시될 수 있는 것이라는 의미, 그리고 (ii) 문법과 규칙이 그와 같은 그러한 대답 자체가 아니라 대답이 무엇이든지 간에 그러한 대답을 명시적이게 하려 한다는 의미, 이 두 의미 사이의 용어상의 구별을 두 사람은 분명하고 일관되게 하지 못했다. 전자의 의미는, 어떤 한 문법이 문법책이나 문법 논문(프리스키안 문법, 포트 로얄 문법)이 될 수 있고 규칙이 그에 상응하게 그 안에 포함된 진술일 수 있는, 문법이라는 용어의 사용과 일치한다. 후자의 의미는, 프리스키안의 문법이 결코 쓰여지지 않았고 로마가 단 한 사람의 문법가도 배출하지 않았다고 해도 우리가 여전히 라틴어 문법과 그 규칙에 대해 말할 수 있는, 문법이라는 용어의 사용과 일치한다. 이러한 차이는 모든 종류의 방식에서 분명해질 수 있다. 예를 들면, '프리스키안의 문법이 어떤 언어로 쓰였는가'라는 질문은 '프리스키안의 문법이 어떤 언어에 대한 문법인가?'라는 것과, 둘 다 답이 '라틴어'일지라도, 다른 질문이다. 그러나 '프리스키안의 문법이 어떤 언어로 어떤 언어에 관해 쓰여진 것인가?'라고 질문하는 것이 '어떤 언어로 우리가 체스 놀이를 하는가?'라고 질문하는 것보다 더 의미가 있지는 않다. 마찬가지로, 규정을 모두 다시 번호를 매긴다 해도 크리켓 경기에는 아무 것도 달라지는 것이 없

칙', '문법', '놀이'라는 개념을 나타내는 단어들을 가진 언어를 사용하고 있었다는 공통성 때문이라고 해석할 수 있다.

을 것이다. 그러나 그것이 MCC[33]의 크리켓 규정에 대한 텍스트에는 어떤 차이를 가져 올 것이다.

놀이 유추와 관련된 한 가지 문제는 그것이 규칙과 규칙의 공식화 사이의 합성을 조장하는 경향이 있다는 것이다. 왜냐하면 규칙이라는 용어가 보통 둘 다를 포괄하기 때문이다. 비트겐슈타인조차도 때때로 이 함정에 빠졌다. 예를 들어, 그는 '테니스에서 우리가 얼마나 높이 공을 던질 수 있는가에 대한' 규칙이 없다고 말한다.(『탐구』: 68) 그러나 이것은 잘못된 것이다. 규칙은 서브를 하는 사람이 공을 어떤 높이로도 던질 수 있다는 것이다. 여기에서 비트겐슈타인이 의미하는 것은 아마도 공식적인 I.T.F(국제테니스연맹) 목록에 '서브를 하는 사람은 몇 미터 높이 이상으로 공을 던지면 안 된다'라는 형식의 규칙의 공식화가 없다는 것일 것이다(이것은 맞다). 물론 요점은 규칙 7조에 완전히 다루어져 있다.

그런데 그러한 차이는 다른 것들에 의해서 교차되는데, 또한 문법, 규칙 등의 용어의 다양한 의미들에 대한 설명으로 명확하게 될 수 있다. 소쉬르나 비트겐슈타인을 읽은 사람은 아무도, 천사들조차 발 딛기를 두려워한 곳에 뛰어들지 않을 것이고, 그러한 것들에 대해서와 관련된 단어들에 대해서 단순한 사전적 안내도를 제시하려고 하지 않을 것이다. 물론 그러한 안내도라면, 다른 측면에서는 불충분해도, 규칙과 문법, 문법과 놀이 사이의 어떤 유형학적 연관을 보여야 할 것이라는 것은 남아 있다. 비트겐슈타인은 그 연관을 질문조차 하지 않았다.

33) Marylebone Cricket Club. 크리켓을 주관하는 영국의 단체.

> 아무도 놀이의 규칙의 본질을 연구하는 것이 문법 규칙의 연구에 유용해야 한다는 것을 부인하지 않을텐데, 그것은 그것들 사이의 어떤 종류의 유사성이 있다는 것이 의심할 여지가 없기 때문이다. (『문법』: 187)

비트겐슈타인은 특히 규칙을 안다는 것과 규칙을 제시할 수 있다는 것(즉, 적절한 규칙의 공식화를 할 수 있다는 것) 사이의 연관을 명확히 하는 데에 관심을 기울였다.

> 무엇이 어떤 사람의 놀이 이해에 대한 기호인가? 그는 규칙을 암송할 수 있어야 하는가? 규칙에 대해 질문을 받으면 그가 당황하기는 하지만, 그가 놀이를 할 수 있다는 것, 즉 그가 실제로 그것을 한다는 것 또한 기준이 안 되는가? 규칙이 이야기됨으로써만이 놀이가 학습되고, 단순히 놀이되는 것을 지켜보는 것으로써는 안 되는가? 물론 어떤 사람은 지켜보면서 "아, 그래서 저게 규칙이구나"라고 자주 자신에게 말할 것이다. 그리고 그는 그가 관찰한 대로 아마도 규칙들을 적어 놓을 수도 있을 것이다. 그러나 분명히 거기에는 명시적인 규칙이 없이 놀이를 배우는 것과 같은 어떤 것이 있다. (『문법』: 62)

비트겐슈타인은 분명히 이러한 유추를 언어에 적용하려고 하였다. 언어를 안다는 것은, (자신의 지식을 드러낼 수 있는 하나의 방법이 될 수는 있지만) 요구되면 규칙이 무엇인지를 설명할 수 있다는 문제가 아니다. 언어를 안다는 것은 그것을 말하면서도 드러난다. 그러나 '문법'이 이러한 설명에 어떻게 조화되는가? 비트겐

슈타인은 계속한다: '한 언어의 문법은 기록되지 않고 그 언어가 이미 오랜 시간 동안 사람들에 의해 말해져 오지 않으면 문법은 존재하게 되지 못한다.'(『문법』: 62-3) 이것은 문법이 기록되지 않으면 존재하지 못한다는 것을 의미하는가? 분명히 그렇지 않은데, 만일 그렇다면 많은 언어들이 문법이 없을 것이기 때문이다. 그리고 비트겐슈타인은 '문법이 없는' 특정한 부류의 언어를 인정하지 않는다. 그렇다면, 언어가 처음 말해진 이후로 '오랜 시간'이 되기까지 존재하게 되지 못하는 것은 무엇이고, 우리가 (혹은 비트겐슈타인이) 여전히 그것의 문법이라고 부를 수 있는 것은 어느 것인가? 아마도 그것의 성문화일 것이다. 그리고 이 대답은 바로 이어지는 언급으로 확실해지는 것 같다: '비슷하게, 원초적 놀이는 성문화된 규칙 없이, 단 하나의 공식화된 규칙조차 없어도, 놀이된다.'(『문법』: 63)

불행히도 비트겐슈타인은 이제 『일반언어학 강의』의 교활한 권투 선수가 조심스럽게 피했던 구석에 몰려 권투를 하는 것 같다. 어떻게 어떤 문법(랑그)이 존재하게 되는가? 언어의 기원에 대한 문제는 여러 세대 동안 혹독한 날씨에 시달려 온 언어학의 밤나무였다. 비트겐슈타인은 관련된 유럽의 문헌들을 잘 알지 못했을 것이지만, 소쉬르는 분명히 잘 알고 있었다. 다름 아닌 이 진부한 것(topos)은 문화적 족보가 있는데, 콩디야크[34], 루소[35], 헤르더[36],

34) Condillace, Étienne Bonnot de(1714-1780). 프랑스 계몽주의 시대의 철학자로서 관념학파의 원조. 그는 『인간 인식의 기원에 관한 시론』(*Essai sur l'origine des connaissances humaines,* 1746)에서 언어가 신의 선물이라는 종교적 도그마로부터 결별하고, 사유와 언어를 기나긴 상호 발전

몬보또[37]와 같은 유명한 이름들이 포함된다. 소쉬르 생애 동안에 파리의 언어학회(Société de linguistique)는 그 주제에 관한 논문을 모두 금지했는데, 그것이 해결하기 힘든 문제이고 부적절한 문제로 인식되었기 때문이다. 그러나 비트겐슈타인은 성스러운 단순자(*santa simplicitas*)를 변명하면서 1930년대 초기에 그것을 다시 제기했다.

어떻게 체스와 같은 놀이가 단일한 규칙이 형성되기 전에 놀이가 될 수 있었는가? 어떻게 언어가 어떤 문법을 가지기 전에 말해질 수 있는가? 그것은 분명히 자신이 파놓은 구덩이에서 빠져나오도록 비트겐슈타인에게 도움의 손길을 제공하려 하고 있다. 예를

과정 속에서 본래 자연적으로 주어진 반응 형식들과 의사소통의 형식들로부터 인간이 자신의 개선 능력에 의해 발전시킨 것으로 보았다. 또한 언어를 통한 사고의 고정과 결합이 사유를 완성하고 새로운 사고를 산출하는 토대가 된다고 하였다.

35) Rousseau, Jean-Jacques(1712－1778). 프랑스의 사상가이자 소설가. 그는 『언어 기원론』(*Essai sur l'origine des lanues*, 1755)와 『인간 불평등 기원론』(*Discourr sur l'origine de l'inégalité*, 1754)에서 언어의 기원을 다루었는데, 말이 노래하기와 춤추기에서 발생하였다고 했다.

36) Herder, Johann Gottfried(1744－1803). 독일의 계몽주의 철학자이자 고전학자. 그의 『언어의 기원에 대한 논고』(*Über den Ursprung der Sprache*, 1772)는 나중에 훔볼트의 언어철학에 영향을 주었는데, 언어와 사유는 상호 의존하는 것이며 오랜 발전 과정의 자연적인 산물이며 본질상 인간의 사회적 존재라는 상황에 의해 규정된다고 하였다.

37) Burnett, James, Lord Monboddo(1714－1799). 스코트랜드의 고전학자이자 철학자. 그는 언어가 인간의 추상화 능력에 의해 동물의 외침으로부터 점차적으로 발전해 왔으며, 이러한 과정이 우연하거나 무의식적인 것이 아니라고 하였다.

들어, 왜 다음과 같이 말하지 않는가: '문법은 성문화 이후에 우리가 이러한 것들과 이러한 것들의 발화/놀이의 장면에서 작용하고 있던 — 그리고 여전히 작용하고 있는 — 것으로서 **그 결과로** 인식하는 것인가?' 그러나 소쉬르는, 한 개인으로서, 공포로 그러한 도움의 손길로부터 후퇴했을 것이다. 그것은 19세기 파리의 화자들의 광경을 생각나게 하는 변명인데, 그들의 유령이 우리에게 유령의 자신감으로 말한다: '이제 우리는 하늘에서 안전하고, 우리가 땅에서 프랑스어로 말하고 있었다는 것을 볼 수 있다. 그러나 그 때에, 하나님이 우리의 증인인데, 우리는 라틴어로 말하고 있었다고 생각했다.' 하늘은 거의 이론가들의 발명품이다. 그리고 언어의 하늘은 대체적으로 언어 이론가들의 발명품이다. 소쉬르가 언어학자를 위한 어떤 사도와 같은 전언을 가졌다면 그것은 다음과 같았을 것이다: '하늘은 지금이다'.

문제는 우리가 **파롤**의 이 부분 혹은 저 부분을 '라틴어'나 '프랑스어'로 부르는가에 관한 문제가 아니다. 혹은 그 때에 그것이 무엇으로 불리는가, 혹은 무엇으로 불릴 수 있는가에 관한 것이 아니다. 문제는 누구나 프랑스어 문법 같은 것이 있지 않아도 프랑스어를 말할 수 있느냐이다. 혹은 비트겐슈타인을 차용해, '단 하나의 공식화된 프랑스어 규칙이 없어도' 프랑스어를 말할 수 있는가? 적어도 진지하게 받아들인다면, 그 문제는 실질적인 것으로 인정되어야 한다. 그렇지 않으면 그것은 유명론자의 단 한 번의 비판만으로도 일시에 무너져 버릴 것이다.

소쉬르의 짧은 대답(159쪽을 보라)은 유일한 실질적인 문법적 문제가 심리적이라는 것이다. 비록 그것이, 사람들이 체스의 규칙에 의해 놀이를 하고 있느냐는 문제가 그들의 태도나 신념에 관한 문제가 아닌 것과 마찬가지로, 화자의 태도나 신념에 관한 심리적 문제는 아니지만. 비트겐슈타인의 짧은 대답은 더 미묘하다. 혹은 우리가 덜 관대한 관점을 받아들인다면, 더 회피적이다.

비트겐슈타인의 짧은 대답은 볼테르가 신에 관해서 말한 것을 문법에 대해서 말한 것이다: 문법이 존재하지 않는다면, 문법을 발명할 필요가 있었을 것이다.[38] 이것은 하나의 용이한 움직임으로 존재론적 문제와 인과론적 문제를 단지 모두 회피하는 방법일 뿐이다. 비트겐슈타인이 놀이를 하는 것이 **그 자체로써** 놀이를 이해하는 증거라고 (주장하는 것과 다른 것으로서) 실제로 보여주었는가? 혹은 그 놀이는 명확한 규칙의 토대 위에서 학습되지 않아도 학습될 수 있는가?

우리는 단순히 관찰자로서 크리켓 놀이를 파악하는 남자를 상상할 수 있다. 아무도 그에게 규칙이 무엇인지를 말하지 않았고, 그가 물은 적도 없다. 그는 크리켓에 관해 들은 적도 없고 대화에 참여한 적도 없다. 그는 놀이에 초대되고, 많은 경기에서 완벽하게 행동한다. 그는 심판으로 초대되었고, 그 임무에서도 덜 완벽하게 행동하지는 않았다. 그는 (불행히도, 그에게 그의 크리켓에 대한 지식을 언어로 표현해야 하는) 일반적인 검증 없이 일류 경기에서

38) Voltaire(본명은 François-Marie Arouet, 1694－1778). 철학자이자 문필가로서, 프랑스 계몽주의의 대표자이다. 그는 『백과전서』(*Encyclopédie*)의 공동 집필자이면서도 당시의 프랑스의 백과전서파들의 무신론적, 유물론적 운동에 반대하여, “만일 신이 존재하지 않는다면, 신은 발명될 수밖에 없다”라고 하였다.

심판을 보는 것까지 하게 되었다고 하자. 결국 그는 국제 크리켓 우승 결정전 심판의 일원으로 임명된다. 이 모든 것은 그가 놀이를 분명히 완벽하게 파악했기 때문이다. 기적처럼, 그는 잘못된 판단을 내린 적이 없다. 타자, 투수, 야수들은 한결같이 그의 판단이 변함없이 정확하다고 확신한다. 이것은 운이 좋아서 그가 어려운 결정에 직면하지 않았기 때문이 아니다. 오히려, 그는 수 없이 많은 어려운 결정이 있었지만, 텔레비전 카메라, 전문가, 선수들이 결국에는 항상 그의 판결을 확증했다. 심판으로서 가장 높은 수준에서, 그는 절대무오(絶對無誤)의 Mr Finger가 된다. 이것은, 끊임없는 관찰과 연습이면 명확한 규칙에 대한 어떠한 요구 없이도 놀이를 이해하는 데에 충분하다는 비트겐슈타인의 주장을 예증하기 위한 예로서 더할 나위가 없다.

그런데, 그의 심판 경력의 전성기에, *Daily Squeal*의 어떤 질 나쁜 스포츠 기자가 Mr Finger가 l. b. w.[39] 규정에 대한 가장 기본적인 설명조차 할 수 없다는 사실을 우연히 발견하고, 언론에 대단한 논쟁을 불러일으킨다. 어떻게 이 사람이 경기의 기본 규칙을 모르면서 런던에 있는 왕립 크리켓 운동장에서 심판을 할 수 있는가? 문제는 Mr Finger가 혀가 짧고, 적절한 어휘가 부족하다거나, 퀴즈 전문가가 그에게 한 크리켓에 대한 질문에 적절한 대답을 할 수 없다는 것이 아니다. 문제는 그가 여러 해 동안 수천 가지의 분명히 정확한 l. b. w.의 결정을 제시하기는 했지만 l.b.w. 규정에 관한 질문에 대답하지 못한다는 것이다. 그의 모든 경험

---

39) leg before wicket. 크리켓의 가장 기본적인 규칙 중의 하나.

에도 불구하고, 공이 크리켓의 삼주문(위켓)을 맞힐 수 있느냐 없느냐는 것이 무슨 문제인지 결코 깨닫지 못했다는 것이 드러난다.[40] 이 생각은 그가 운동장에서 지낸 모든 여름철에 그의 머리에 떠오른 적이 없다. 또한 그는 지금도, 규정이 그에게 알려져도, '그가 그때에는 그것을 깨닫지 못했었지만 그것이 실제로는 항상 그의 판단의 기본이었다'는 것에 동의하지 않는다. 더욱이, 그는 그의 크리켓 인생의 이 늦은 시기에 규정이 무엇을 말하는지를 고려해 보기 시작하려고 하지 않는다. 거만하게 그는, 아마도 '규칙을 아는' 사람들 중에서 더 나은 심판을 찾으라고 MCC에 도전한다. 비트겐슈타인은 이 완고하지만 매우 유능한 Mr Finger에 관해 무엇이라고 할 것인가?

비트겐슈타인의 저작들에는 그가 거북스럽게 그 문제를 깨닫고 있다는 표시가 있다. 그는 '기준'과 '징후'를 구별함으로써 한 가지 점에서 그것에 술책을 쓰려고 한다.

> "당신이 그렇고 그런 것이 그 경우임을 어떻게 아는가?"라는 질문에 대해, 우리는 때로는 '기준'을 제시함으로써 대답을 하고 때로는 '증상'을 제시함으로써 대답한다. 의학에서 안기나[41]를 특정 간상 세균에 의해 유발된 염증이라고 한다면, 그리고 우리가 어떤 특정한 경우에서 "왜 당신은 이 사람이 안기나에 걸렸

40) 크리켓은 11명씩의 두 팀이 공, 배트, 삼주문(위켓)을 가지고 하는 경기로, 투수가 공을 던져서 삼주문을 맞히려고 하면, 상대편의 타자가 배트로 이를 막는 경기이다. 타자가 공을 막지 못해 공이 삼주문을 맞히면 타자는 아웃이 된다. 그러므로 Mr Finger는 크리켓의 출발점이 되는 가장 기본적인 규칙조차도 모르는 셈이다.

41) 인후나 편도선에 생기는 염증.

다고 말하는가?"라고 질문하면, "나는 그의 피에서 아무개 간상 세균을 발견했다"라는 대답은 우리에게 기준을 제시하거나, 혹은 우리가 안기나의 판별 기준이라고 할 수 있는 것을 제시한다. 다른 한편으로 대답이 "그의 인후가 감염되어 있다"라면, 이것은 우리에게 안기나의 증상을 제시하는 것일 것이다. 나는, 경험이 우리에게 그것이 우리의 판별 기준이 되는 현상과 이런 저런 방식으로 일치한다는 것을 가르쳐 주는 현상을 "증상"이라고 부른다. 그렇다면, "어떤 사람에게서 이러한 간상 세균이 발견되면 그 사람은 안기나가 있다"라고 말하는 것은 동어 반복이거나 "안기나"의 정의를 기술하는 부정확한 방식이다. 그러나 "어떤 사람이 감염된 인후가 있을 때는 언제나 안기나가 있다"라고 말하는 것은 가정을 하는 것이다.

실제로, 당신이 어떤 현상이 판별 기준이고 어떤 것이 증상인지를 질문 받는다면, 특별히 자의적인 결정을 내리는 것을 제외하면, 당신은 대부분의 경우에 이 문제에 답할 수 없을 것이다. 하나의 현상을 판별 기준으로 간주해서 한 단어를 규정하는 것이 실제적이겠지만, 우리는 처음 사용한 것에 준해서 증상이었던 것을 써서 그 단어를 규정하도록 쉽게 설득될 것이다. 의사들은 어떤 현상이 기준으로 간주되어야 하고 어떤 것이 증상인가를 결정하지 않은 채 질병의 이름을 사용할 것이다. 그리고 이것이 반드시 한탄할 만한 투명성의 결여는 아니다.

(『책』: 24−5)

의사의 경우에는, 비트겐슈타인이 말한 것처럼, 그것이 문제일 필요가 없다. 그러나 필요한 변경을 하면 그것은 정확히 크리켓 심판 생활에서 문제인 것으로 보이는 것이다. 그리고 또한 그것은 정확히 언어와 공적으로 성문화된 규칙을 가진 놀이 사이의 유추가 붕괴되기 시작하는 지점에 있다. MCC의 규정은 프리스키안 문법(혹은 다른 어떤 문법)이 라틴어에 본질적이지 않다는 점에서 크리켓에 본질적이다. Mr Finger가 공식적인 l. b. w. 규정을 거부하면 그는 심판으로서 그 자신의 무능력을 증명하는 것인 반면에, 형용사의 일치에 대한 프리스키안의 규칙을 전혀 들어보지 못한 누군가가 그 자체로써 라틴어에 무능력하지는 않다. 슬프게도 Mr Finger는, 그의 심판으로서의 모든 전문성에도 불구하고, 크리켓 경기를 이해하지 못한다. *Daily Squeal*의 비참한 난도질이 맞았다. 잘해야, Mr Finger는 매우 유사한 경기(스니켓)를 이해할 수 있을 텐데, 이 경기의 규칙은 스니켓에서 타자가 아웃될 때면 언제나 크리켓에서도 아웃되었을 그러한 방식으로 크리켓의 규칙과 관련된다. 혹은 아마도 스니켓은 전혀 규칙이 없다. 즉, 크리켓이 성문화되어 있다는 의미에서 성문화될 수 있는 관례가 없다. 그밖에 무엇이나 성문화될 수 있기 때문에, 문법도 마찬가지이지만, 그것은, 좋은 심판들이 적합한 것으로 간주하는, 단지 특별한 경우들의 끝없는 목록으로 확대될 수 없다. 그래서 '규칙'은 실제로 '자의적'이겠지만, 매우 다른 의미에서 자의적이다.

◇ ◇ ◇

놀이 규칙과 문법 규칙 사이의 유사성 중에 중요한 특징 하나는 그것들이 그 자체가 속한 체계의 외적 목적을 위해 기능하지 않는다는 것이다. 비트겐슈타인은 이것이 놀이라는 용어로 의미되는 것의 일부라는 것을 지적한다. 그는 '체스의 규칙이 자의적인가?'라고 묻고 다음과 같이 그 자신의 질문에 답한다.

> 체스만이 사람들을 즐겁게 하고 만족시키는 것으로 드러났다고 상상하자. 그렇다면 그 규칙은 놀이의 목적이 성취되면 자의적이지 않다.
>
> "놀이의 규칙은 자의적이다"는 다음을 의미한다: '놀이'의 개념은 놀이가 우리에게 미치는 것으로 추정되는 영향에 의해 규정되지 않는다. (『문법』: 192)

그러나 규칙들의 어떤 집합은 이러한 면에서 **그 자체로** 자율적이지는 않다. 비트겐슈타인은 언어와 체스를 모두 요리와 대조한다.

> 왜 나는 요리의 규칙을 자의적이라고 하지 않고, 왜 나는 문법의 규칙을 자의적이라고 하고 싶은가? 왜냐하면 나는 "요리"의 개념은 요리의 마지막에 의해 규정되는 것으로 생각하고, "언어"라는 개념은 언어의 마지막에 의해 규정되는 것으로 생각하지 않기 때문이다. 당신은 당신이 요리를 하면서 옳은 규칙이 아닌 다른 규칙들에 의해서 인도를 받으면 잘못 요리한다. 그러나 당신이 체스의 규칙이 아닌 다른 규칙들을 따른다면 당신은 다른 놀이를 하고 있다. 그리고 당신이 그렇고 그런 규칙이 아닌 문법적 규칙을 따른다면, 그것은 당신이 어떤 잘못된 것을 말한다는 것을 의미하지 않고 당신이 다른 어떤 것을 말하고 있는 것이다. (『문법』: 184－5)

비트겐슈타인의 요리와의 비교는 아마도, 요리법의 규칙들('달걀 두 개를 가지고, ... 등')이 두 가지 방식으로 외부적으로 결정되는 한에서는, 대체적으로 만족스럽지 못하다. 첫째로, 그것들은 순서가 지워진다. 어떤 단계는 다른 것에 선행해야 하고 자의적으로 뒤바뀔 수 없다. 비슷하게 체스에서 어떤 움직임은 다른 것에 선행해야 한다. 그러나 문법의 경우에는, 순서가 있다면, 그것이 무슨 의미에서 규칙들이 순서가 지워지는지 당장에 분명하지가 않다. 그런데, 요리에 관한 점은 조리법에 따른 절차상의 어떤 순서가 대체적으로 그것의 물리적 결과에 의해 결정된다는 것이다. 우리는 물이 끓기 전에 아몬드를 데칠 수 없고, 기타 등등. 반면에 놀이에서 순서 자체는 자의적일 수 있다. 기사를 움직일 수 있기 전에 모든 졸이 움직여야 한다는 것이 체스의 규칙이 될 수 있다. 그에 상응하는 것이 요리에는 없다.

둘째로, 조리법의 규칙은, 어떤 요구되는 순서로 단계를 밟는 것이 가능하다 해도(어떤 재료들의 혼합에서처럼), 그럼에도 불구하고 규칙의 목적은 궁극적으로 제시된 결과물(케이크, 오믈렛)을 만드는 것이지 단순히 요리의 행위를 규칙화하는 것이 아니라는 의미에서 외부적으로 결정된다.

외부적 결정의 이 두 번째 방식이, 첫 번째보다는, 비트겐슈타인의 문법의 자율성이라는 개념에 중요하다. 그는 다음과 같이 썼다: '문법은 어떤 실재에 대해 설명할 수 없다. 의미를 결정하는 (의미를 구성하는) 것은 문법 규칙들이고 그래서 그것들 자체가 어떤 의미에 대해 답할 수 없고 그러한 한도로 자의적이다.' (『문법』: 184) 더 상세하게는, '"언어와 실재"의 연관은 단어의 정의에 의해 만들어지고, 이것들은 문법에 속하고, 그래서 언어는 자족적이고 자율적이다.'(『문법』: 97)

이러한 '실재에 대한 설명가능성'의 결여가 소쉬르에게는 언어를 다른 모든 주요한 사회적 관습(약정)과 구별되게 하는 것이다. 이 다른 경우들에서는 사회적 행태와 그것의 부수적인 관례들이 외부 세계의 실재에 의해 부과된 조건과 목적들에 맞게 조정된다. 소쉬르는 이것이 언어의 경우에도 그러하다는 것을 부정한다.

> 다른 인간 제도들—관습, 법칙 등—은 모두 정도의 차이는 있지만 사물들의 자연적인 관계에 기반을 두고 있다. 이들 제도에서는 사용 수단이 추구하는 목적과 필연적으로 일치한다. 우리가 옷을 입는 방식을 결정하는 유행마저도 완전히 자의적이지는 않다. 인간 신체에 의해 규정되는 조건들에서 어느 정도 이상 벗어날 수는 없다. 반대로 언어(랑그)는 그 수단의 선택에 아무런 제약도 받지 않는다. 왜냐하면 임의의 개념과 임의의 소리 연속체의 결합을 막는 것은 아무것도 없기 때문이다.
>
> (『강의』: 110)

◇ ◇ ◇

문법의 자율성에 대한 자신들의 주장에서 소쉬르와 비트겐슈타인이 언어와 놀이의 유추를 너무 멀리 밀고 나가고 있다는 것은 아마 거부될 것이다. 놀이는 놀이이므로 반대가 생길 수도 있는데, 그것은 정확히 그것들이 사회적 생활이나 지적 활동의 나머지와 관련이 없기 때문이다. 그것들은 우리에게 일상적인 일과로부터 선택하고 휴식할 즐거운 기회를 제공한다. 그리고 놀이가 가진 자족적이고 고립된 특성은 그러한 기능에 본질적이다. 그것이 그 규칙들이 자의적이고 '실재에 대해 설명 가능하지' 못한 이유이다. 반면에 언어의 경우에는 그것이 정반대이다. 언어는 사회적 생활의 나머지와 분리되지 못한다. 언어적 행동은 모든 것에 퍼져 있다. 언어적 의사소통은 일상적인 사회적 기제를 작용하는 질서로 유지하는 데에 필수적이다. 그래서 하나의 의미에서 형용사가 명사 다음에 오느냐 명사가 형용사 다음에 오느냐는 왕이 한 번에 한 칸을 움직이느냐 두 칸을 움직이느냐와 전혀 차이가 없다는 것이 사실일 수는 있지만, 그럼에도 불구하고 영어가 체스와 마찬가지로 '실재에 대해 설명가능하지' 않다고 주장하는 것은 비교를 모든 합리적인 한계 이상으로 확장하고 있다. 그것은 단순히 과장이 아니라 완전히 오해하게 만드는 결론일 수 있다. 결국, 체스 판 위의 왕이 할 수 있거나 할 수 없는 것은 실제 왕이 할 수 있거나 할 수 없는 것과 아무 관계가 없다. 반면에 우리가 영어 단어 *king*으로 하는 언어적 움직임은 실제 왕이 할 수 있거나 할 수 없는 것과 중요한 관계가 있다: 그리고 그것은, 다른 경우에는 거의 그럴 수 없는데, 단어 *king*을 가지는 중요한 이유가 실제 왕이 하는 것에 관해 이야기할 수 있다는 것이기 때문이다. 반면에 실제 왕의 행위를 반영하거나 재구성할 수 있다는 것은 체스에서 왕을 가지는 이유의 일부가 아니다.

이러한 반대자에게 어떻게 대답할 수 있을까? 소쉬르의 대답은 세 가지 점에서 될 것이다. 첫째, 그 논증은 마차를 말 앞에 놓는 것이다. 물론 실제 왕들이 있고, 영어의 화자는 그들에 관해 말하기 위해 단어 *king*을 사용한다. 그러나 그것이 단어 *king*을 '정당화하는' 것은 아니다. *unicorn*은 *king*과 마찬가지로 좋은 영어 단어이다. 그러나 실재는 우리에게 그에 상응하는 정당화를 제공하는 유니콘이 없다는 것을 알려 준다. '단어를 가지는 것'은, 우리가 이야기하는 것에 대해 설명하기 바란다면, '사물을 가지는 것'보다 앞선다. 예를 들어, 누구라도 햇빛에 앉는 것을 즐길 수 있다. 그러나 그 언어에 **양달**과 **앉다**에 대한 단어가 있다 해도, **양달에 앉기**를 말하는 것이 불가능한 언어가 있다.(『강의』: 161) 문법은 말해질 수 있는 것을 결정하는 것이지, 우리가 살고 있는 세계에 유효한 물리적 가능성이 아니다.

둘째로 이것은 단순히 어휘부의 독특한 행태나 관용 표현의 문제가 아니다. 그것은 문법에 의해 부과된 넓은 영역에 일반적으로 적용된다.

> 발화(파롤)의 여러 부분들 사이에 구분을 해 보자. 명사, 형용사 등의 단어 분류는 무엇에 근거하는가? 그것은, 지구의 경도, 위도처럼 외부로부터 문법에 적용되는, 언어 외적 본질에 대한 어떤 순전히 논리적인 원칙 하에 있는가? 혹은, 그것이, 언어의 체계 안에 존재하고 이에 의해 좌우되는 어떤 것에 해당하는 것인가? 다시 말해 그것은 하나의 공시적 사실인가? (『강의』: 152)

말할 필요 없이, 발화의 부분들에 대한 전통적 '정의'는 이러한 구분이 외적 실재의 특질들에 일치한다는 관점을 지지한다. 명사들은 사물이나 사람들의 이름이고, 형용사는 특성이나 특색의 이름이고, 등등으로 말해졌다. 그러나 문법이 자연에 의해 이미 제공된 분할에 근거한다는 증명으로서 이러한 거칠고 편리한 종류의 '외적' 정의를 구성하는 것이 가능하다고 하는 것은, 다시 말 앞에 마차를 놓는 셈일 것이다. 왜냐하면 문법은 발화의 부분들로 반영되었을 어떤 '자연적' 분할을 간단히 초월하는 것들을 말하는 것을 허용하기 때문이다. 예를 들어, 프랑스어에서 우리는 *ces gants sont bon marché*('이 장갑은 값이 싸다')라고 말할 수 있다. 이제 여기에서 *bon marché*(값이 싸다)가 형용사인가? 그렇지 않으면 그것은 무엇인가?

> 왜냐하면 *bon marché*(값이 싸다)는 일반적인 프랑스어 형용사처럼 행동하지 않기 때문이다: 불변하며, 절대로 명사 앞에 오지 않고, 등등. 더구나 두 단어로 구성되어 있다. 발화의 부분들이 제공하는 것은 개별 단어들의 분류이다: 그래서 어떻게 두 단어의 묶음이 발화의 부분들의 하나 혹은 다른 것에 속할 수 있겠는가? 그러나 우리가 그것을 두 단어로 나눈다면, 그리고 *bon*('좋은')은 형용사이고, *marché*('값')는 명사라고 한다면, 우리는 이 단일한 표현 *bon marché*(값이 싸다)를 설명할 수 없는 것이다.
>
> (『강의』: 152－3)

프랑스어 문법이 여기에서 단일 형용사 대신에 *bon marché*(값이 싸다)를 사용하는 것을 허용한다는 것은 사실이다. 그러나 이것은 장갑, 가격, 혹은 그 밖의 다른 것들의 실재에 의한 '외적' 정당화가 없다.

셋째로, 아무도 언어가 공동체의 생활에 필수적이라는 것, 혹은 언어가 놀이가 충족시킨다고 생각할 수 없는 많은 목적들을 충족시킨다는 것을 부정하지 않는다. 언어는 모든 종류의 제도와 직업과 관련이 있고, 그것들을 위한 언어적 장치를 공급한다. 정보가 어떤 역할을 하는 놀이에 관한 정보보다는 공동체의 어휘에 관한 정보로부터 우리는 공동체의 생활에 대해서 훨씬 더 나은 그림을 구성할 수 있다. 왜냐하면 언어는 변화하는 환경에 계속해서 적응하기 때문이다

> 때때로 이러한 문제 모두를 언어 자체에 대한 연구와 분리시키는 것이 절대적으로 불가능하다고 주장된다. 그것은 과학이 '실재'를 연구해야 한다는 주장과 특히 관련되는 관점이다. 식물이 토양, 기후 등과 같은 외부 요인들에 의해 변화된 내부 구조를 가진 것처럼, 동일한 방식으로 문법 구조가 언어적 변화의 외부 요인들에 계속해서 종속되지 않는가? (『강의』: 41－2)

확실히 그렇다고 소쉬르는 주장한다. 그러나 그것은 체스의 규칙을 이해하기 위해 그 놀이가 페르시아에서 유래되었다는 것을 알아야 한다고 주장하는 것과 마찬가지로 문법 구조의 자율성을 부정하는 이유에 지나지 않는다. 짧게 말해서, 논증은 '외적' 언어와 '내적' 언어의 합성에 기대고 있다. 문법은 외적 언어에 속하지 않는다. 그리고 어떤 외적 접근도 우리에게 문법적 사실의 본질을 파악하도록 하지 않는다.

비트겐슈타인의 대답은 다르지만 비슷한 방향으로 흐를 것이다. 사실상, 그는 문법을 외적으로 '정당화하는 것'이 어떻게 가능한가라고 반대자에게 질문함으로써, 역행 논증으로 소쉬르의 외

적 언어학과 내적 언어학의 구별을 정밀화했다.

> 문법의 규칙은 그것의 적용이 표상을 실재와 일치하도록 한다는 것을 보임으로써 정당화될 수 있지는 않다. 왜냐하면 이러한 정당화 자체는 무엇이 표상되는가를 기술해야 하기 때문이다. 그리고 어떤 것이 정당화 과정에서 말해질 수 있다면 그리고 그것의 문법에 의해 허용된다면 — 내가 정당화하려고 하는 것도 문법에 의해 허용되면 안 되는가? 왜 표현의 두 가지 형태가 동일한 자유를 가지면 안 되는가? 그리고 누군가가 말하는 것이 어떻게 다른 누군가가 말할 수 있는 것을 제한할 수 있는가?
>
> (『문법』: 186−7)

여기에서 문제는, 어떤 정당화도 그 자체의 문법이 필요할 것이고 그것은 다시 정당화가 필요할 것이고 등등을 지적함으로써, 문법의 정당화를 위한 어떤 요구 쪽으로 돌려진다. 그러나, '스스로 정당화하는' 문법에 우리가 도달하기 때문에 역행이 마지막으로 어떤 지점에서 멈추게 되면, 그것은 정당화를 위한 본래의 요구가 오해되었음을 보이지 않는가? 그리고 역행이 결코 멈춰질 수 없으면, 그것은 마찬가지로 정당화를 위한 탐색이 헛되다는 것을 보이지 않는가? 언어를 설명하기 위해 어떻게 해서든 우리가 언어 외부에 도달할 수 있다고 생각한다면 잘못이다.

> 말해진 것은 언어에서만이 설명될 수 있고, 그래서 이러한 의미에서 언어 자체는 설명될 수 없다.
>
> 언어는 스스로 말해야 한다. (『문법』: 40)

비트겐슈타인은, 문법이 우리에게 말하도록 허용하는 것이 이미 언어 외부의 실재에 의해서 고정된다는 개념을 소쉬르가 공격한 것보다 더 길게 진행한다.

> 우리는 문법의 규칙을 "그러나 실제로 네 가지 기본적 색깔이 있다"와 같은 문장으로 정당화하기 쉽다. 그리고 우리가 문법의 규칙이 자의적이라고 말한다면, 그것은 이러한 정당화의 가능성을 향하고 있다. 그러나 결국 색깔 단어들의 문법이 실제로 그러한 세계의 특성을 밝힌다고 말해질 수는 없다.
>
> (『문법』: 185−6)

여기에서 비트겐슈타인의 조치는 '실제로 네 가지 기본 색깔이 있다'는 것이 사실상 말해질 수 있음을 허용하는 것이지만, 우리가 그 위에 세울 수 있는 마지막은 우리의 색깔 어휘가 따라서 '정확하다'는 증명임을 논증하는 것이다. '나는 정말로 다섯 번째 기본 색깔을 헛되이 찾는 것은 아닌가? (그리고 만일 보는 것이 가능하다면, 찾는 것도 생각할 수 있다.)'(『문법』: 186)

그런데, 비트겐슈타인은 소쉬르보다 자율성의 문제에 더 취약한 채로 남아 있는데 그가 계속해서 매우 단순한 '언어 놀이' 예에 의지했기 때문이다. 예를 들어, 『탐구』: 2의 건축가의 언어는, 언어가 놀이와 달리 결국에 외부적 목적에 의해 결정되는 구조를 가진다고 주장하는 반대자에게 이익이 되는 것 같은 용어로 기술된다. 건축가의 언어는 분명히 특별한 건축 계획의 맥락에서 기능하도록 고안되었다. 그것의 최소한의 어휘만이 '작용하는데' 그것이 매우 정확하게 외적 실재에 부응하기 때문이다: 즉, 벽돌, 석판, 기둥, 들보는 그 일이 요구하는 단지 네 가지 유형의 건축 재료이다. 더 많은 어휘는 불필요하고 더 적은 어휘는 불충분하다. 그러나 과잉과 불충분은 마찬가지로 건물과 관련된 물리적 요인에 의해 결정된다. 그래서 (다른 어떤 네 가지의 소쉬르적 기표(*signifiant*)라도 상관없다는 의미에서) 개별 기호가 자의적이라는 것은 부인할 수 없지만, 어떻게 전체로서의 문법이 자의적(즉 자율적)이라고 주장될 수 있는가?

비트겐슈타인은 이러한 측면의 문법의 자율성을 밝히는 것에 대해 필요한 만큼 주의를 기울이지 않은 것 같다. 왜냐하면 그 자신의 요리 규칙의 비자율성에 대한 증명이 건축가의 언어에도 적용될 수 있음이 합리적으로 말해질 수 있기 때문이다. 결과물은 케이크가 아니라 건물이고, 건물은 순전히 물리적 이유로 이전의 어떤 순서로도 함께 세워질 수 없다. 그렇다면 차이는 어디에 있는가?

비트겐슈타인의 일부의 다른 예증들은 비슷한 문제에 그대로 빠지는 것 같다: 예를 들면, 문법과 건반의 비교이다.

> 문법을 단추들의 체계와, 즉 상이한 조합의 키들을 눌러서 사람이나 기계를 지휘하는 데에 사용할 수 있는 건반과, 비교해 보자. 이 경우에 언어의 문법에 상응하는 것은 무엇인가?
>
> 기계에 다른 "명령"을 내리기 위해 그러한 건반을 구성하는 것은 쉽다. 매우 간단한 것을 살펴보자: 그것은 두 개의 키로 구성되는데, 하나는 "가라"를 표시하고 다른 것은 "오라"를 표시한

다. 이제 두 개의 키가 동시에 눌리게 되면 안 된다(그것은 모순을 일으킬 것이다)는 것이 분명히 문법의 규칙임에 틀림없다고 생각할 수 있다. 그러나 우리가 동시에 둘 다를 누르면 무엇이 발생하는가? 나는 이것이 어떤 결과를 가진다고 추정하고 있는가? 혹은 그것은 아무 결과가 없다고 추정하는가? 각각의 경우에서, 나는 그것의 결과를 또는 어떤 결과가 없음을, 두 키를 동시에 누른다는 점과 그 의미로서, 생각할 수 있다.

(『문법』: 188−9)

여기에서는 단추 문법이 두 단추를 동시에 누를 가능성을, 이것이 문제가 있는 지시를 가져오기는 하지만, 허용한다는 의미에서만 자율적인 것 같다. 우리는 틀림없이 주어진 문법과 일치하는 방식으로 문제를 해결할 수 있다. 예를 들면, 우리는 '가라: 오라'라는 전언을 '어느 것이나 하라'를 의미하는 것으로 간주할 수 있다. 혹은 우리는 그 둘이 서로를 상쇄시켜 '제자리에 있어라'를 의미하는 것으로 간주할 수 있다. 단추 문법은 그것이 당신에게 문제를 해결하도록 하지 못하고, 적용된 어느 해결책에도 '무관한' 한 자율적이다. 그러나 그것이 전체로서의 건반 구조가 '실재에 대해 설명하지' 못한다는 것을 증명하는 것은 아니다. 오히려, 그렇지 않다면, '문제'가 생기지도 않을 것이고, 그 가설에 의해서 건반이 먼저 구성되지도 못했을 것이다. 여기서 떠오르는 한 가지 가르침은 '가라'는 단추와 '오라'는 단추가 동시에 눌러질 수 없는 건반을 구성하는 것이 더 나을 것이라는 점이다. 그렇다면 문법에 '소홀'이 없을 것이다.

여기에서 쉬운 해결책은, 그의 특정 예를 너무 가혹하게 다루는 것이 불공정하다고 말함으로써 비트겐슈타인을 옹호하거나, 그러한 예들에 대해서 그것들이 제시하려고 하지 않은 통찰을 만들어 낼 것을 기대하는 일일 것이다. 유추하는 것은 어디에선가 끝나야 한다. 그러나 이 해결책은 너무 쉬울 뿐만 아니라 실제로 비트겐슈타인에게 덜 공평하다. 왜냐하면 자율성 문제에 관해 비트겐슈타인과 그의 가상의 반대자 사이에 비-경쟁을 선언하는 것과 같기 때문이다.

비트겐슈타인의 문제는, 문법의 자율성에 관한 그의 다소 수수께끼 같은 표현에서 가능한 두 가지 해석 사이에 긴장이 있다는 것이다. 약한 해석으로는 그가 말하고 있는 모든 것은 어떤 음악가가 연주를 하거나 작곡을 할 수 있기 전에 악기가 존재해야 하고, 특정한 구조를 가져야 한다는 것이다. 그러한 의미에서는, 악기 자체가, 무엇이 선율로 간주되는가, 그 선율이 정확하게 연주되는가, 등등과 같은 문제는 미해결로 남겨둔 채, 음악가가 할 수 있는 것에 대한 한계를 미리 조절한다. 따라서 '언어는 스스로 말해야 한다'라고 말하는 것은 '악기는 스스로 연주되어야 한다'라고 말하는 것과 비슷하다. 그리고 문법이 실재에 대해 설명할 수 있다는 것을 부정하는 것은 악기가 음향에 대해 설명할 수 있다는 것을 부정하는 것과 같다. 예를 들어, 피아노 건반의 음정의 간격을, 일치하는 초당 주파수의 비율을 언급함으로써 '정당화'하려고 하는 것은 (그것이 특정 피아노가 선율에 맞는지 그렇지 않은지에 관한 논의를 해결하는 데에 적절할 것이기는 하지만) 매우 불합리할 것이다. 마찬가지로 피아노의 문법이 기타의 문법과 동일할 것이라고 추정하는 것은 불합리할 것이다.

그런데 다른 경우에서는 그 주장이 훨씬 더 논쟁의 여지가 있는 것인 것 같다. 이 더 강한 해석에 따르면, 문법의 자율성은 단순히 독립적이고 자족적인 모든 언어 체계의 문제가 아니다. 오히려, 명제(thesis)는 문법이 의미 있게 말해질 수 있는 것에 대해 제약을 부과하는 내적 조직이라는 것이다. 그리고 이러한 한도로 문법은, 연주되는 음표들의 가능한 범위가 악기의 구성에서 이미 고려되는 것처럼, 이미 외적 세계를 고려하고 있다. 정확히 그러한 이유로 두 가지 경우에 구조에 대한 내적 일관성이 있어야 한다.

> 우리가 문법을 책의 형태로 펼친다면, 그것은 나란히 이어지는 장들의 연속체가 되지 않을 것이고, 매우 다른 구조를 가질 것이다. 그리고 내가 맞다면 바로 여기에서 우리가 현상적인 것과 비현상적인 것 사이의 차이를 보아야 할 것이다. 말하자면, 색깔 단어의 사용을 위한 규칙을 설명하는 색깔에 관한 장이 있을 것이다. 그러나 "not", "or", 등의 ("논리 정항") 단어들에 관해서 문법이 말해야 하는 것 안에서 비교할 수 있는 것은 없을 것이다.
>
> 예를 들면, 색깔 단어들과 달리 이러한 후자의 단어들은 모든 명제에서 유용하다는 것이 규칙의 결과일 것이다. 그리고 이러한 "모든"에 속하는 보편성은 경험에 의해 발견되는 종류가 아니라, 아무런 항의도 인정하지 않는 놀이의 최고 규칙의 보편성일 것이다. (『문법』: 215)

이것은 하모니의 기준을 궁극적으로 결정하는 것이 악기의 구조라고 말하는 것과 훨씬 더 유사하다. 그렇다면, 가장 상상력이 풍부한 작곡가조차도 어느 정도 이상으로 작곡에 자유롭지 못할 것이다. 왜냐하면 물리적으로 만드는 것이 가능한 어떤 소리나 소리의 연속도 단순히 악기의 음악적 남용이 되기 때문이다. 그리고 이것은 누군가의 실험 음악에 대한 인내의 문제가 아니다. 건반에 냄비를 쳐서 연주되는 피아노를 위한 작품을 쓰는 인습타파론자가 음악의 심대한 혁명가가 아니라, 익살꾼이거나 정신병적인 경우이다. 냄비를 쓰는 것은, 우리가 아직 익숙하지 않은, 그 자체의 정교함을 가진 새로운 기술을 요구하지 않는다. 그 주장은, 냄비로 건반을 치는 어떤 사람이, 그러한 목적을 위해 일부러 계획된 악보를 따른다고 해도, 피아노를 연주하고 있지 않다는 것이다.

◇ ◇ ◇

비트겐슈타인은 우리에게 문법이 어디에서 시작했는지 결코 말하지 않는다. 소쉬르는 적어도 시도는 한다. 『일반언어학 강의』는, 언어 공동체의 모든 구성원이 소유한, 그리고 각각의 개별적인 경우에서 '발화(파롤)의 연습을 통해' 습득된, '문법 체계'에 대해 말한다.(『강의』: 30) 그러나 문장의 문법은 단순히 말해진 것을 듣는 것에서 파생될 수 없다. 그렇지 않으면, 외국어를 배우는 것이 매우 단순한 문제가 될 것이다. 경험은 이것이 사실이 아님을 우리에게 보여 준다. 우리가 중국어 문장을 듣지만 중국어를 알지 못한다면, 우리가 듣는 모든 것은, 비트겐슈타인이 써 놓은 것처럼, '단순한 소리들의 연속체'이다.(『문법』: 152) '단순한 소리들의 연속체'와 의미 있는 발화의 차이는 문법이다.

문법은, 소쉬르에 따르면 인간 정신의 자연발생적인 산물인데, '두 가지 다른 형태의 정신 활동'에서 나온다.(『강의』: 170) 하나는 사건을 시간적 순서로 분석하는 것이다. 이것은 단위들의 상대적인 순서 위치에 근거해서 단위들을 분류하도록 한다. 다른 형태의 정신 활동은 유사성에 근거한 비교이다. 이것은 소리의 유사와 의미의 유사에 근거해서 단위들을 분류하도록 한다. 이러한 두 가지 형태의 정신 활동이 결합된 결과는 우리의 발화 경험의 체계화이다. 첫째 경우에서 우리는 수동적으로 말을 '다른 사람들에 의해 발화된 소리들의 연속'으로 경험한다. 체계화의 이중적 과정은 이 되풀이되는 단위들의 물질적 집합으로부터 추론되는데, 그것은 두 가지 측면에서 다른 것과 관련된다. 통합적으로는 선형적인 연속체로 정렬될 수 있는 단위로서, 그리고 연합적으로는 형태와 의미의 유사성에 의해 연결된 '연합적 연속체'에 속하는 단위로서, 다른 것과 관련된다. 이러한 체계화의 과정은, 인간 정신의 무의식 상태에서 새로운 언어 경험이 흡수되는 것으로서, 항상 진행된다. 소쉬르는 이러한 끊임없는 분석과 재분석을 언어의 '계속적 활동'이라고 말한다.

소쉬르에 따르면 문법의 탐구는, 정확히 어떻게 이 정신적 체계화가 수행되는지 혹은 그것의 결과가 저장되고 이용되는지를 밝히려고 하지 않는다. 물론, 이상적인 문법 기술은 결과물의 기술일 것이다.

> 말하자면 역사성을 개입시키지 않고 언어 상태를 연구하는 문법학자가 만드는 의식적이며 조직적인 분류의 총합은 의식적이건 무의식적이건 발화(파롤)에서 사용되는 연합의 총합과 일치하는 것이다. 바로 이들 연합이 단어군, 굴절의 어형변화, 형성소, 어간, 접미사, 어미 등을 우리 머리 속에 고정시켜준다.
>
> (『강의』: 189)

문법은 따라서 결코 직접적인 관찰에 이를 수 없다. 문법 기술은 단순히 가정이다. 더욱이, 더 추상적인 세부에서 확인된다고 희망할 수 없는 가정이다. '우리는 화자의 언어(랑그)에 대한 의식이 항상 문법가의 분석에까지 이르는지를 확신할 수 없다.'(『강의』: 190) 그러므로 결국 소쉬르에게 있어서 문법은 신비로 남아 있는데, 그 조직이 말의 실제 운용에서 결코 완전히 드러나지 않기 때문이다.

여기에서 다시 놀이와의 유추에서 틈이 보이기 시작한다. '물론 우리가 규칙의 전부를 확신할 수는 없다'고 말하는 체스 전문가에 대해서 우리는 무엇을 생각할 것인가? (그리고 그 놀이가 고대 페르시아에 아마도 우리가 알지 못하는 규칙이 있었을 것이라는 것을 의미하지는 않는다.)

변이와 변화

언어 체계의 구조가 놀이의 구조와 비교될 수 있다는 생각은, 많은 측면을 밝힐 수 있었지만, 그 결과로 일정량의 문제를 가져왔고, 소쉬르와 비트겐슈타인은 여러 가지 방식으로 그것들을 처리하려고 했다. 이러한 문제들 중에 가장 심각한 것은, 논의의 여지가 있지만, 결정자(determinacy)의 문제인데, 그에는 변이와 변화에 관한 여러 가지 특정한 문제들이 포함되어 있다. 체스 놀이를 하는 사람은 그 놀이가 고정된 규칙이 있고, 말들이 그 놀이에서 결정된 역할이 있고, 그에 따라 놀이를 한다는 것을 안다. 그러나 이것이 영어를 말하는 누군가에 대해서 사실인가?

영어는 끝없는 변이를 하게 된다고 주장될 수 있다. 브라운이라는 사람의 영어가 스미스라는 사람의 영어와 결코 정확히 동일한 것이 아니고, 한 지역이나 사회 계층의 영어가 다른 지역의 영어와 결코 정확히 동일한 것이 아닐 뿐만 아니라, 전체 체계도 시간에 따라 부단한 변화를 겪고 있고 예측할 수 없는 혁신이 가능하다. 그렇다면, 체스에 특징적인 종류의 결정자는 어디에 있는가?

소쉬르는 언어 변화라는 문제에 머리를 맞대고 그것을 무자비하게 다루었지만, 비트겐슈타인은 단지 그것이 나타나지 않도록 하였다. 소쉬르는 달리 할 수가 없었는데, 언어 변화의 연구가 19세기 언어학의 대들보였기 때문이다. 다른 한편으로 비트겐슈타인은 아무 것도 말하지 않을 수 있었는데, 철학이 그것에 관해 결코 근심하지 않았기 때문이다. 이 두 전략은 그들 각각의 학문사적 맥락에서 예측할 수 있다.

소쉬르의 엄격한 해결책은, 언어 발달의 체계성을 거부하고 그러한 언어 체계가 끊임없이 변화한다는 것을 부정하기 위해, 공시적 사실과 통시적 사실의 절대적 구분을 설정한다. 소쉬르에 따르면 언어 체계가 변화한다는 환상은 단지 역사적 관점의 산물로서, **랑그의 현상들**(*faits de langue*)을 **파롤의 현상들**(*faits de parole*)과 혼동한 것이다. 이러한 불확실한 입장을 선택하면서, 소쉬르는 언어 이론의 역사에 영향을 미친, 전례가 없는 방법을 취했다.

『일반언어학 강의』 전체에 걸쳐 계속해서 경고가 반복되고 공시적 영역과 통시적 영역을 구분하는 데에 실패한 결과로 일어나는 혼동을 강조한 예들이 제시되었다. 전자에는 모든 '정태적 사실'이 속하고 후자에는 모든 '진화 상의 사실'이 속한다. 겹치는 것은 없다.

> 진화 상의 사실과 정태적 사실의 근본적인 차이의 결과는 전자에 관련된 모든 개념과 후자에 관련된 모든 개념이 서로 환원할

> 수 없다는 것이다 ... 어떤 공시적 현상도 어떤 통시적 현상과 어떤 공통적인 것이 없다. (『강의』: 129)

소쉬르에게 있어 이러한 방법론적 결과는 아주 중요한 것이다. '공시적인 관점과 통시적인 관점의 대조는 절대적이고 절충을 허용하지 않는다.'(『강의』: 119) 이것을 파악하는 데에 실패하면 언어 변화의 작용 원리를 오해하는 데에 이를 수밖에 없다.

> 변화는 결코 체계 전체에서 일어나는 것이 아니고 체계의 요소 중 어느 하나에서 일어나므로, 체계와 무관하게 연구되어야 한다. 물론 모든 변화는 체계에 영향을 미친다. 그러나 최초에는 단지 한 점만이 영향을 받는다. 그 변화는 전체로서의 체계에 영향을 줄 수 있는 내적 결과와는 무관하다. 부분들에 영향을 주는 사실들과 전체에 영향을 주는 사실들 사이의, 통시적 연속과 동시적 공존 사이의 이러한 본질적 차이는, 그 둘을 하나의 동일한 과학의 주요 문제로서 포함하는 것이 불가능하게 만든다.
> (『강의』: 124)

이러한 이론적 입장을 옹호해 나가기 위해서 소쉬르가 준비한 정도는 그 당시에 비추어 보면 주목할 만한 것이다. 『일반언어학 강의』의 두 장 전체가 이른바 '유추적 분석'이 (소쉬르의 동시대인들에게는 아무런 이의 없이 변화로 간주되고 있었음에도 불구하고) 전혀 변화가 아니라는 것을 논증하는 데에 할애되었다. 표준적인 교과서의 예인, 고대 프랑스어에서 주격의 상실은 문법적 발달의 예임이 부정되었다.(『강의』: 132) 이 모든 것은 '그러한 언어 체계(랑그)는 결코 직접적으로 변경되지 않는다. 그것은 자체적으로 변화될 수 없다'라는 명제를 옹호한다.(『강의』: 121)

비트겐슈타인은, 이해할 수 있듯이, 소쉬르가 한 방식 그대로 적진에 뛰어들어 싸울 필요를 느끼지 못했다. 그는 언어 변화를 몇 개의 대략적인 표명들에서 함축적으로 제거했다. 『철학적 문법』의 한 부분에서 가상의 반대자는 우리가 규칙을 가지고 있다면 그것의 사용에는 '전 시기에 걸쳐 최소한 규칙성이 있어야 한다'는 사실에 관해 우려하고 있다. 그렇지 않으면 우리는 그것을 다른 시기에는 다르게 해석할 것이다. 그리고 어떤 주어진 경우에서 그것이 어떻게 해석되는지를 우리가 어떻게 아는가는 불분명할 것이다. 비트겐슈타인은 무뚝뚝하게 대답한다. '그렇다면, 어떻게 우리가 어떻게 해서든지 아는가? 기호에 대한 설명은 어디에선가 끝나게 된다.'(『문법』: 94) '시간에 걸친 규칙성'의 문제가 더 짧게 일단락되기는 어렵다.

다른 곳에서 그는, 규칙을 변화하는 것으로 생각하는 것이 의미가 있는지 없는지에 따라 단어 체스의 두 가지 사용을 구분하면서, 소쉬르와 매우 비슷한 입장을 취한다. 그는 다음에 대해서 말한다.

> 한 번은 현재 유효한 체스 규칙의 총합을 의미하기 위해, 다른 한 번은 페르시아에서 무명씨에 의해 고안된 그렇고 그런 방식으로 발달된 놀이를 의미하기 위해 단어 "체스"를 이중으로 사용하는 것. 어떤 경우에는 체스 규칙의 발달에 대해 말하는 것이 무의미하고 다른 경우에는 그렇지 않다. (『문법』: 238)

이것은 소쉬르의 공시적 관점과 통시적 관점의 구분과 정확히 일치한다. 한 가지 관점인 현재의 언어 사용자의 관점에서는 영어 변화의 규칙에 대해 말하는 것이 무의미하지만, 다른 관점인 역사가의 관점에서는 그것이 무의미하지 않다. 비트겐슈타인에게처럼 소쉬르에게 중요한 문제는 이 관점들을 혼동하지 않는 것이다.

언어가 결코 여전히 그대로 있지 않다고 주장하는 언어학자에게 소쉬르의 대답은 두 가지 점을 강조할 것이다. 첫째, 언어사에는 자연적으로 생기는 변화가 극히 적은 시기가 있다.(『강의』: 142) 따라서 이러한 시기를 언어적 '정태(states)'(랑그의 정태)로 간주하는 것은 잘못된 것이 아니다. 둘째, 어떤 경우에나 아무 것도 우리가 시간의 어떤 점에서 통시적인 횡단을 해서 드러나는 '정태'를 기술하는 것을 막지 못한다.(『강의』: 124-5) 비트겐슈타인은 그림을 그리는 것에 관해서 매우 비슷한 점을 강조했다.

> 우리가 단어의 실제 사용을 조사하면, 우리가 보는 것은 끊임없이 동요하는 어떤 것이다.
>
> 우리의 탐구에서 우리는, 끊임없이 변하는 풍경의 정태적 그림을 그리는 것처럼, 이러한 변동에 비해 더 고정되어 있는 어떤 것을 설정했다. (『문법』: 77)

◇ ◇ ◇

결정자의 문제는 다른 측면에서도 발생하는데, 거기에서 그것은 소쉬르보다 비트겐슈타인과 더 분명히 관련된다. 규칙이 변하지 않는다는 관점이 타당하다 해도, 규칙이 무엇인지 정확하고 명백하게 안다는 체스 놀이꾼의 확신에 상응하는 어떤 것을 우리가 언어의 경우에 가지는가? 체스에서 나이트의 움직임이 고정되어 있다는 의미에서 단어 나이트(knight)가 고정된 어떤 의미를 가지는가?

이러한 문제에 직면해서 비트겐슈타인은 한쪽 발에서 다른 쪽 발로 껑충거리면서 그것이 사라지기를 바란다는 인상을 자주 준다. 예를 들어,

> 우리는 단어 "식물"을 오해가 발생하지 않는 방식으로 사용할 수 있지만, 아무도 어떤 것이 여전히 '식물' 개념에 속하는지 아직 결정하지 못한 수 없이 많은 경계선 상의 경우들을 생각해 낼 수 있다. 이것은, 단어 "식물"의 의미가 다른 모든 경우들에서의 불확실함에 영향을 받아서 우리가 그 단어를 이해하지 않은 채 사용한다고 말해질 수 있다는 것을 의미하는가? 몇 가지 측면에서 이 개념을 결속시킨 정의가 모든 문장에서 우리에게 그 단어의 의미를 더 분명히 하는가? 우리는 그것이 나타나는 모든 문장을 더 잘 이해하는가? (『문법』: 117)

아마도 아니라고 대답할 것이다. 그러나 그것은 단어의 의미를 '언어에서 그것의 사용'으로 파악하자고 제안하는 사람에게는 물론 허용하기에 난처한 것이다. 왜냐하면 체스 놀이꾼과 나이트의 움직임의 상황에서 유추적 불확실성이 나타나면, 놀이꾼이 결국 규칙을 알지 못하거나 혹은 결국 알려진 고정된 규칙이 없는 것

중의 하나로 보이기 시작할 것이기 때문이다. '언어에서의 사용'이 불확실한 단어를 가지는 것이, 판 위에서의 규칙화된 움직임이 결정되지 않은 체스의 말을 가지는 것보다 더 많은 문제들이 있겠는가?

우리는, 비트겐슈타인이 사라진 의자에 대한 셜록 홈즈의 수수께끼를 다룰 때, 비슷한 속임수를 관찰할 수 있다.

> "저기에 의자 하나가 있다"고 내가 말한다. 내가 가서 그것을 가져오려고 하는데 갑자기 그것이 시야에서 사라진다면? — "그러니까 그것은 의자가 아니라, 그 어떤 착각이었다." — 그러나 몇 초만에 우리는 그것을 다시 보고, 그것을 붙잡고 하는 등등을 할 수 있다. — "그러니까 그 의자는 좌우간 거기에 있었고, 그것의 사라짐은 그 어떤 착각이었다." — 그러나 조금 뒤에 그것이 다시 사라진다고 — 또는 사라지는 것처럼 보인다고 — 가정하라. 이제 우리는 무엇이라고 말해야 할까? 당신은 이러한 경우들을 위한 규칙을 준비하고 있는가? 즉 우리가 그런 어떤 것을 여전히 "의자"라고 불러야 하는지의 여부를 말해 주는 규칙을? 그러나 "의자"란 단어를 사용할 적에 그러한 규칙이 없다고 우리가 섭섭해 하는가? 그리고, 우리가 이 단어들의 가능한 모든 적용을 위한 규칙들로 준비되어 있지 않기 때문에, 우리는 실제로는 이 단어에 아무런 의미도 결합시키고 있지 않다고 말해야 할까?
>
> (『탐구』: 80)

'의심할 여지없이 아니다'라는 것이 다시 비트겐슈타인의 수사적 질문에 대한 답이 된다. 홈즈는 어리석은 왓슨이 잘못된 결론으로 비약했다는 것을 다시 한번 증명한다. 그러나 과장된 질문

자체는 핵심적인 문제를 회피한다. 사라진 의자는, 모호한 식물이 단어 식물의 무의미함을 증명하지 못하는 것처럼, 단어 의자의 무의미함을 잘 증명하지 못한다. 그러나 바로 그 사실이 체스 놀이와 유사하지 않음을 강조한다. 기사의 움직임에 대한 규칙은 체스 판 위의 가능한 자리를 모두 포괄을 한다. 반면에 언어의 경우에 그것은 모호한 식물이나 사라진 의자를 무엇이라고 부를지 결정하는 사용자에게 달려 있다. 이것은 체스 놀이와 유사하지 않은데 체스 놀이가 언어에 있는 방식으로 한도가 없지는 않기 때문이다. 아마도 왓슨은 결국 요점을 파악했을 것이다.

비트겐슈타인은 우리가 해 나가는 것처럼 규칙을 구성하거나 혹은 우리가 해 나가는 것처럼 규칙을 변경하기도 하는 놀이가 있다는 것을 부정하지 않는다.(『탐구』: 83) 그러나 이러한 허용은 거의 도움이 되지 않는다. 왜냐하면 언어가 그러한 종류의 놀이와 비슷하다는 정도로 그것은 전형적으로 체스를 하는 것과 비슷하지 않다. 체스 유추의 모든 것은 규칙이 미리 가능한 모든 움직임을 결정을 한다는 것, 그리고 놀이의 문법이 그것들을 움직이는 정신으로서 개별 놀이꾼에 의해 결정되지 않는다는 것이다. 이러한 측면에서 체스와 비슷하지 않은 놀이는, 그것들이 놀이로 간주될 모든 권리가 있기는 하지만, 단지 언어의 제도적 성격, 규칙성, 자율성을 설명하기에 맞는 모형을 제시하지 못한다. 일단 우리가 즉흥적으로 누구나 참가할 수 있는 놀이에 이르면, 거기에는 다른 놀이꾼이 다른 규칙으로 놀고 있지 않다는 보장이 없을 뿐만 아니라 어떤 규칙이 조금이라도 있다는 주장을 타당하게 해 줄 분명한 방법도 없다.

이것은, '놀이' 관점을 택하는 것이 이런 저런 형태로 끊임없이 가져오는 문제들에 직접 이끌린다. 얼마나 많은 변이가 놀이꾼이 동일한 놀이를 하고 있다는 개념과 양립할 수 있는가? 다시, 소쉬르는 놀이의 논리를 주저하지 않고 그것의 결론에 유추한 반면에 비트겐슈타인은 태도를 모호하게 했다. 소쉬르에게 있어, 단일한 현상이나 단일한 기호의 차이는 두 개의 개별 기호 체계를 구분하기에 이론적으로 충분하다. 그리고 그는, 일반적으로 '언어'라고 하는 것들(영어, 프랑스어, 라틴어 등)이 그의 의미에서 공시적 기호 체계가 아니라, 역사적으로 관련된 방언들과 하위 방언들의 복합체라는 결론을 피하지 않았다. 방언과 하위 방언의 층위야말로, 언어학자가 주어진 어떤 시기에 화자들이 실제로 사용하는 실제의 '개별공시적(idiosynchronic)' 체계를 확인하고자 하는 층위일 것이다.(『강의』: 128)

때때로 비트겐슈타인 역시 이러한 관점에 동조하는 것 같다. 그는 다음과 같이 말하는 사람의 경우를 고려했다: '나는 내가 내 콧마루 뒤 이 인치의 시각적 이미지를 느낀다는 것을 당신에게 확신시킬 수 있다.'

> 우리는 자신의 콧마루 뒤 이 인치의 시각적 이미지를 느낀다고 말하는 사람이 거짓을 말하고 있거나 말도 안 되는 소리를 하고 있다고 말하지 않는다. 단지 우리는 우리가 그러한 표현의 의미를 이해하지 못한다고 말한다. 그것은 잘 알려진 단어로 구성되어 있지만 우리가 아직 이해하지 못하는 방식으로 단어들을 결합하고 있다. 이러한 표현에 대한 문법은 아직 우리에게 설명되어야 한다. (『책』: 10)

여기에서의 함축은 분명히 이 사람이 우리와는 다른 하위 변이형의 영어를 말하고 있다는 것인 것 같다. 왜냐하면 그의 문법이 우리와 동일한 것이라면 아마도 우리는 그가 말하고 있는 것을 이해해야 하기 때문이다. 물론, 우리는 그가 사용한 단어들과, 분명히 어떤 친숙한 결합 형태를 인식한다. 그래서 소쉬르적 용어로 그 경우는, 다른 특유한 체계를 사용하는 사람의 것이지만, 역사적으로는 우리 자신의 것과 밀접히 관련된 것으로 보인다. (여기에서의 놀이 유추는, 말하자면 이 특유의 변이형에서 왕이 그 자신의 칸에 있을 때는 장군(check)이 될 수 없다는 것을 파악하지 못했기 때문에, 우리가 놀이의 장면을 이해하는 데에 실패하는, 체스의 변이형에 대한 것일 것이다.)

그런데 비트겐슈타인이 논의하지 않은 것은, 우리가 이러한 개인을, 예를 들어 그가 '나는 당신에게 내 눈의 초점을 맞추는 것이 다소 어렵다는 것을 발견했다'라고 말한다면, 이해하느냐는 보충적인 문제이다. 이것은 아무 문제가 없는, 우리 자신의 영어의 변이형 문장처럼 들릴 것이다. 그러나 우리가 이제 그의 문법이 우리의 것과 동일하지 않다는 사실에 대해 주목하게 되었으므로, 우리가 가장 당연히 받아들일 수 없는 것은 우리가 그가 의미하는 것을 안다는 것이다. 아마도 그는 시각 이미지가 그의 왼쪽 귀 뒤에서 일과 이분의 일 인치로 계속해서 이동하고 있다는 것을 의미한다.

그런데 다른 곳에서 비트겐슈타인은 우리가 '나는 의자를 먹는다'라는 문장을, 우리가 **의자를 먹기**라는 표현의 의미를 배우지 않았어도, 이해한다고 주장한다.(『책』: 21) 이 경우에는 아마도 우리의 문법이 우리를 대신해서 일한다고 생각된다. 그러나 불분명한 것은 우리가 실제로 '내가 의자를 먹는다'를 '나는 내 콧마루 뒤로 이 인치의 시각적 이미지를 느낀다'보다 더 잘 이해하느냐이다. 더욱 더 놀랍게도, 그는 우리가 백 억의 영혼이 일 입방미터에 들어간다는 주장을 이해한다고 생각하고(『고찰』: 135), 그럼에도 불구하고 우리가 왜 그것을 말하지 않는가를 묻는다. 그의 다소 이상한 대답은 그것이 거짓이라는 것이 아니라 다음과 같다: '그것이 쓸모 없기 때문이다. 왜냐하면, 그것이 어떤 그림을 불러내기는 하지만, 그 그림은 우리가 어떻게 할 수 없는 어떤 것이기 때문이다.'(『고찰』: 135) 그는 또한 다음과 같이 인정한다.

> 우리가 일반적으로 치통이라고 부르는 것에 동반되지 않는, 치아의 어떤 부패 상태를 "무의식적 치통"이라고 하는 것이, 그리고 그러한 경우에 우리는 치통이 있지만 그것을 알지 못한다라는 표현을 사용하는 것이, 실제적임을 발견할 수 있다 . . . 이제 그러한 의미에서 내가 치통이 있지만 그것을 알지 못한다고 말하는 것이 틀렸는가? (『책』: 22－3)

그의 되풀이되는 다소 이상한 대답은 다음과 같다: '그것에 관해서 틀린 것은 아무 것도 없는데, 그것은 단지 새로운 용어이고 아무 때나 일상 언어로 다시 바뀔 수 있다.'(『책』: 23) 그러나, 일상 언어로 다시 바꾸기에 대해서 어떻게 문제가 있을 수 있는가는, 가정적 표현인 무의식적 치통이 용법으로 확립되면, 알기 어렵다.

그 어려움은, 우리에게 아래의 것을 상기시키는 비트겐슈타인의 예리한 관점에서 더 두드러진다.

> 어떤 단어가, 이전에 가졌던 것처럼, 우리와는 독립적인 힘에 의해서 주어진 의미를 갖는 것이 아니기 때문에 그 단어가 실제로 의미하는 것에 대한 일종의 과학적 탐구가 있을 수 있다. 단어는 누군가가 그것에 준 의미를 가진다. (『책』: 28)

의미를 정당화하는 방식으로서, 일상 언어로 다시 바꾸기에 의지하지 않도록 하기 위해서 더욱 더 많은 근거를 생각할 수 있을 것이다.

비트겐슈타인에게 어려움은, 문법 규칙이 (분별 있게) 말해질 수 있는 것과 말해질 수 없는 것을 자율적으로 결정한다는 생각을 고집하려는 그의 바람인 것 같다. 그럼에도 불구하고 동시에, 고의적인 언어 개혁이 일어날 수 있고, 언어 용법에 변화가 허용될 수 있고, 이미 무의미한 것으로 간주된 단어들의 결합에 대해서 의미 있는 새로운 용법이 성립될 수 있다는, 상식적인 규정을 인정한다. 미해결의 문제는, 이러한 상충적인 조건들의 어떠한 조화가 놀이 유추로 할 수 있는 영역 안에서 궁극적으로 가능한가이다. 실제로 크리켓의 규정에 변화를 도입하는 것은 가능하다. 그러나 놀이 도중에 변화를 도입하려고 하는 것을 강조하는 것은 불합리하다.

소쉬르도 비트겐슈타인보다 더 확신 있게 의미 변화의 문제를 다루지는 않았다. 이 공백은 이미 1916년에 『일반언어학 강의』의 편집자에게 주목되었다. 언어 변화의 체계성에 대한 소쉬르의 범주적 부인을 가정하면, 그의 침묵의 이유를 이해하기는 어렵지 않다. 그는 소리의 변화에 대한 그의 설명에 상응하는 설명이 필요했을 것이다. 달리 말해, 그는 변화가 우연적이고 단편적이고, 그러한 기호에 결코 영향을 미치지 않고, 단지 파롤에서의 실현에만 영향을 미친다는 명제(thesis)를 유지할 필요가 있었다. 이것은 기표(signifiant)의 경우에 상대적으로 유지하기 쉬운데, 기표가 의미 없는 음소 단위들로 해체되고, 변화의 현상이 바로 그 층위의 구조에 위치될 수 있기 때문이다. 문제는 기의(signifíe)의 경우에 상응하는 층위의 구조가 없다는 것이다. 결과적으로, 소쉬르가 음성적 근거에서 설명될 수 없는 언어 변화의 예를 다룰 때마다, 우리는 그가 고심함을 본다. 위에 언급된 것처럼, 나타나는 '새로운' 형태가 그 언어에 이미 존재했지만 결코 사용되지 않았던 잠재적 형태의 단순한 실현이라고 주장하는 다소 극단적인 임시 방편으로 그는 몰리게 되었다.(『강의』: 221ff.) 형태론과 통사론에서의 변화의 의미적 측면을 설명하게 될 때, 그는 형태적 차이의 의미적 가치가 분명한 이유 없이 한 번에 단순히 '상실될' 수 있다는 훨씬 더 극단적인 주장까지 해야 했다.(『강의』: 132) 본래 '죽이다'를 의미하는 동사가 어떻게 '익사하다'를 의미하는 것으로 바뀌는가를 논의하게 될 때, 그는 전혀 제시할 설명이 없었다.(『강의』: 109) 그는 그럼에도 불구하고 모든 언어 혁신은 파롤에서 기원한다고 주장한다. 이것은 분명히 놀이 현장에서 협상된 l. b. w 규정에서의 변화와 다른 경우이다. 그런데, 더욱 더 놀랍게도 그것은 소쉬르가 이미 그렇게 할 권위가 없다고 단언한 놀이꾼에 의한 것이다. 그러한 지점에서, 아마도, 놀이는 멈추어야 한다. 의사소통은 중단되고, 어떻게 해서든지 고쳐져야 한다. 새로운 규칙 체계가 폐기돼 버린 체계를 대체하기 위해 도입되어야 한다.

의사소통

소쉬르도 비트겐슈타인도 언어가 본래 의사소통의 형식이고 언어들이 의사소통의 체계로 간주된다는 일반인들의 가정에 문제를 제기하지 않았다. '놀이' 관점에서 볼 때 다른 가정은 허용될 수 없다. 비트겐슈타인의 언어 놀이는 오로지 의사소통 놀이이다. 소쉬르의 원형적 발화 행위는 대화 의사소통의 하나이다. 체스 유추의 견지에서, 의사소통은 놀이 규칙에 따른 서로의 움직임에 대한 놀이꾼들의 적절한 반응에 대한 문제이다. 첫눈에도 문제가 덜한 것은 없을 것이다. 그런데 바로 여기에서, 분명히 아주 무해한 이러한 방식의 파악으로 해서, 소쉬르와 비트겐슈타인 모두에게 쉽게 무시될 수 없는 어려움이 나타나기 시작한다.

놀이 유추는, 비트겐슈타인이 표현한 것처럼 '놀이, 언어, 규칙은 제도이다' 때문에 적절한 것으로 보인다.(『고찰』: 334) 더욱이 이러한 제도성은 되풀이되는 사회 활동에 반영된다. 소쉬르는 비트겐슈타인의 다음과 같은 표현에 동의했을 것이다. '언어 현상을 기술하기 위해서는, 한번 우연히 나타난 어떤 것이 아니라, 어떤 종류인가와 관계없이, 실례를 기술해야 한다.'(『고찰』: 335) 지금까지 놀이 유추에 연루된 사람은 누구나 자동적으로 언어적 의사소통을 놀이꾼이 참여하는 놀이 활동의 상대물로 파악하게 된다. 비트겐슈타인은 '언어의 개념은 의사소통의 개념에 포함된다'라고 말하기까지에 이르렀다.(『문법』: 193) 똑같이 '놀이' 개념은 '활동' 개념에 포함된다고 말할 수 있다. 여기까지 이르러서 이제 언어적 의사소통에 대한 순수한 계약론적 설명에서 손을 떼는 것은 어렵다. 왜냐하면 이것이 대리주의적 설명에 대한 분명한 대안이기 때문이다. 그러나 순수한 계약론적 설명은 쉽게 제시되지 않는다.(Harris 1980: 120ff.)

아리스토텔레스적 부류의 대리주의적 틀(4장을 참고) 안에서는 언어적 의사소통이 이론적 문제를 제기하지 않는다. 왜냐하면, 인간은 단어들이 단순히 기호가 되는 '정신 작용'의 공통 집합을 공유한다는 아리스토텔레스의 가정을 우리가 기꺼이 인정한다면, 단어는 자동적으로 그것의 적절한 사용에 익숙한 어떤 둘 이상의 개인들에게 동일한 것을 의미하기 때문이다. 결과적으로, 한 개인과 다른 사람 사이의 언어적 의사소통은, 만약 그들이 동일 단어들에 대해서 잘 알고 있다면, 보장된다. 그들이 만약 동일한 화폐를 사용하고 있다면 지체없이 상거래에 참여할 수 있는 것과 마찬가지이다. 아리스토텔레스의 단어가 헤르미아의 단어와 동일한 의미라는 것이 헤르미아가 아리스토텔레스의 강의를 이해할 수 있는 이유이다. 헤르미아의 드라크마(고대 그리스의 은화)가 아리스토텔레스의 드라크마와 동일한 가치가 있다는 것이 아리스토텔레스가 헤르미아로부터 그 동전으로 사례비를 받는 이유이다. 의사소통의 어려움은 공통 언어가 없을 때만 나타나는데, 공통 화폐가 없을 때 상업적인 어려움이 나타날 수 있는 것과 마찬가지이다.

그런데, 공유된 단어들이 의사소통을 보장한다는, 위안이 되는 재보증은, 모든 인간에게 지각 경험과 개념의 공통적인 축적이 있다는 아리스토텔레스식의 가정에 문제가 제기되자마자, 약화된다. 각 개인의 사적 정신 세계가 어떤 측면에서는 다른 사람의 것과 항상 다르다면, 동일 단어가 그것을 사용하는 다른 사람들에게 비슷하게 이해된다는 확실한 보장이 없다. 그리고 더욱이, 로크와 그의 추종자들이 가정했던 것처럼, 각 개인의 마음이 처음에 **백지 상태**라면, 그것의 결과적 내용이 오로지 그 개인의 생애 동안에 인식되는 감각 결과에 의해서만 결정된다면, 모든 인간의 정신은 각각 독특해야 한다고 결론을 내리지 않을 수 없다. 단어는 기껏해야 매우 위험이 많고 불완전한 의사소통의 방법이 되는데, 상이한 개인들의 마음에 축적되어 온, 알려지지 않았고 예측될 수 없는 생각들의 축적에 의해 전달되는 것이다. 따라서 로크는 '단어의 불완전'에 대해서 말하고, 무엇인가를 이해하는 것은 '내가 발성기관으로 만든 소리가 그것을 듣는 다른 사람의 마음에서 내가 그것을 말할 때 내 마음에서 그것에 적용한 생각을 자극할' 때에만 일어난다고 결론짓는다.(Locke 1706: 3.3.3)

게다가 더 분명하게 다음과 같이 말한다.

> 단어를 의사소통의 목적에 맞게 기능할 수 있도록 하기 위해서는, 그것들이 청자에게 화자의 마음에서 나타내는 것과 정확히 동일한 생각을 자극하는 것이 필요하다. 이것이 없이는, 사람은 다른 사람의 머리를 소음과 소리들로 채운다. 그런데 그것들에 의해서는 그들의 사상을 전달하지 못하고, 다른 사람들 앞에 대화와 언어의 목적인 그들의 생각을 펼쳐놓지 못한다.
>
> (1706: 3.9.6)

언어적 의사소통에 대한 소쉬르의 모형은 실수 없이 로크적 틀에 적용된다. 이것은 '발화의 순환'(*circuit de la parole*)에 대한 그의 설명에서 증명되는데, 다음과 같다. 두 대화자 *A*와 *B*가 서로에게 이야기하고 있다고 하자.

> 순환의 기점은 이들 중의 한 사람의 두뇌, 예를 들면 A라는 사람의 두뇌 속에 있는데, 거기서는 우리가 개념이라고 부르게 될 의식 현상들이 언어 기호의 표상에 혹은 이를 표현하는 수단인 청각 영상에 결합되어 있다. 하나의 주어진 개념이 뇌 속에서 상응하는 청각 연상을 불러일으킨다고 가정하자. 그것은 생리적 과정이 뒤따르는 완전히 정신적인 현상이다. 뇌는 발성 기관에 그 영상과 관련되는 자극을 전한다. 그리고 음파는 A의 입으로부터 B의 귀까지 전파된다. 이것은 순수한 물리적 과정이다. 그리고 나서 순환은 역순으로 B에서 계속된다. 즉, 귀에서 뇌까지 청각 영상이 생리적으로 전달되고, 뇌 속에서 이 영상과 상응하는 개념의 정신적 결합이 이루어진다. 반대로 B가 말하면, 이 새로운 행위는 그의 뇌에서 A의 뇌까지 처음과 완전히 똑같은 단계를 밟고, 동일한 연속 단계를 거치게 될 것인데 . . .
>
> (『강의』: 28)

위의 설명으로부터, (i) 언어적 의사소통은 소쉬르에게 있어서 원거리정신작용(telementational) 과정인데, 그 목적이 A의 마음에서 B의 마음으로의 사상의 전달이라는 것, (ii) 성공적인 의사소통의 기준은 A가 발화의 순환이라는 기제를 통해 전달하는 생각에 대한 B의 이해라는 것, (iii) 음파를 제외하면, 상황적 맥락이 의사소통의 과정에서 아무런 역할을 하지 못하기 때문에, 이것의 어떤 부분도 화자에게 외재적이지 않다는 것, 등이 분명해진다. 이러한 것들은 또한 로크의 설명의 특징이다. 결과적으로 소쉬르는 로크의 문제 모두를 자동적으로 물려받은 것 같다. 그러한 모형이 어떻게 의사소통이 항상 일어난다는 어떤 보장을 하는가? A와 B 사이의 언어적 명료화에 대한 어떤 시도도, 그보다 먼저 명료화가 요구되는 발화의 경우와 정확히 동일한 종류의 의심을 받게 될 것이다. 소쉬르의 발화 순환은 따라서 의사소통상의 복잡한 여러 문제들에 대한 폐쇄된 순환으로서 나타나는데, 그로부터 벗어날 분명한 방법이 없다.

또한 로크는, '사적 언어'의 가능성에 반대하는 비트겐슈타인의 논증에서 언급되는 철학자의 전형으로 간주된다.(Hacker 1986: 255ff.) 아무도 단어를 '직접적으로, 그 자신이 가진 생각들 이외의 다른 어떤 것에 대해' 적용할 수 없다는 로크의 주장(1706: 3.2.2)은, 단어 치통이, 적어도 우선적으로, 절대적으로 사적인 경험을 지칭한다고 주장하는, 비트겐슈타인의 가상의 반대자를 특히 생각나게 하는 것으로 들린다. '사적 경험에 관한 본질적인 것은 실제로 각 사람이 그 자신의 전형을 소유한다는 것이 아니라, 아무도 다른 사람들 역시 이것 혹은 다른 어떤 것을 가졌는지를 알 수 없다는 것이다.'(『탐구』: 272) 로크에 따르면, 이것은 단순히 '치통'이나 '빨강'에 대한 우리의 생각에 적용되는 것이 아니라, 우리의 생각 모두와 그에 상응하는 단어들에 적용될 것이다.

기억은 언어에 대한 로크의 설명에 핵심적인 역할을 하고 소쉬르의 설명에서는 더욱 더 핵심적이다. 로크는 단어를 결합하는 방법을 기억하는 문제에는 많이 관여하지 않는다.

> 로크에게 있어 기억의 기능은 화자의 예들을 저장하는 공간을 제공하고, 화자가 가질 필요가 있는, 각 단어에 대한 정확한 예들을 산출하는 것이다. 따라서 기억은 사람이 동일한 생각에 동일한 기호를 사용한다는 것을 확실하게 한다. 비트겐슈타인의 사적 언어학자도 비슷한 과정을 생각한다. (Hacker 1986: 257)

그러나 소쉬르는 로크와 비트겐슈타인의 사적 언어학자 둘 다에게 이것이 충분하지 않고, 우리의 기억은 개별 기호의 전체 목록뿐만이 아니라 '다양한 유형의, 모든 종류와 길이의, 활용형 모두'를 저장해서 유지해야 한다는 것을 당연히 지적했을 것이다.(『강의』: 179) 왜냐하면 의사소통은, 주어가 목적어에 선행하는지 혹은 그 반대인지를 우리가 언제나 망각하고 있다면, 또한 중단될 것이기 때문이다.

지금까지 의사소통에 대한 소쉬르의 입장은 극단적인 로크주의자로 보일 수 있고 후기 비트겐슈타인의 반-로크주의 입장과 뚜렷하게 대조되는 것으로 보일 수 있다. 비트겐슈타인은 분명히 원거리정신작용(telementational) 모형 전체에 대해 회의적이다.

> 우리는 대화에서 언어를 통한 의사소통에 매우 익숙해져 있어서, 우리에게 의사소통의 전체 요점은 다른 사람이 내 말의 뜻—심리적인 어떤 것—을 파악하는 것, 말하자면 그가 마음에서 받아들이는 것에 놓여 있는 것처럼 보인다. 그렇게 되면 그가 그것을 가지고 무엇인가를 더 행한다고 해도, 그것은 언어의 직접적인 목적의 일부가 아니다. (『탐구』: 363)

'의사소통'의 개념은 비트겐슈타인 자신의 지적 방랑에서 항상 더 크게 나타난다. 우리가 『논리-철학 논고』에서 발견하는 언어 철학과 『철학적 탐구』에서 발견하는 언어 철학의 기본적 차이는 아마도 다음과 같을 것이다. 전자에서 언어는 실재를 표현하는 수단으로 간주된 반면에, 후자에서 언어는 의사소통의 수단으로 간주된다. 그러한 차이는 비트겐슈타인이 아우구스티누스에 의해 제시된 유명론의 언어관을 비판하기 위해 사용한 맨 처음의 예에서 이미 분명하다.(2장 참고)

> 아우구스티누스는 단어의 종류들 사이의 차이에 관해서는 말하고 있지 않다. 언어의 학습을 이러한 방식으로 기술한다면, 나는 이렇게 믿고 싶은데, 우선 "책상", "의자", "빵"과 같은 명사들과 사람들의 이름들을, 그리고 다음에야 비로소, 어떤 활동들과 속성들의 이름들을, 그리고 그 밖의 종류의 단어들을, 발견될 수 있는 어떤 것으로서 생각하고 있다.
>
> 자, 이제 다음과 같은 언어사용을 생각하자. 내가 누군가를 보내 어떤 것을 사오라고 시킨다. 나는 그에게 "다섯 개의 빨강 사과"라는 기호가 적힌 어떤 종이 쪽지 하나를 준다. 그는 그

> 종이 쪽지를 상인에게 가지고 간다. 상인은 "사과"라는 기호가 붙은 궤짝을 연다. 그 다음 그는 어떤 하나의 색 견본을 발견한다. 이제 그는 "다섯"까지 기수의 수열을 말하며 — 나는 그가 그 수열을 외우고 있다고 가정한다 — 그 각각의 숫자마다 견본과 동일한 색깔을 가진 사과 하나를 궤짝에서 꺼낸다. — 단어들을 가지고 우리는 이렇게, 또는 비슷하게 작업한다. — "그러나 그가 어디에서 그리고 어떻게 '빨강'이라는 단어를 참조해야 하는지, 그리고 그가 '다섯'이라는 단어로 무엇을 해야 하는지를 그가 어떻게 아는가?" — 자. 나는 그가 내가 기술한 것처럼 **행동한다**고 가정하고 있다. 설명은 어디에선가 끝나게 된다. — 그러나 "다섯"이라는 단어의 의미는 무엇인가? — 그런 것은 여기에서 전혀 문제가 아니고, 단지 "다섯"이라는 단어가 어떻게 사용되느냐만이 문제이다. (『탐구』: 1)

여기에서 우리는 '의사소통'에 대한 호소가 곧장 언어에 관한 유명론의 가정의 혼란을 철저히 제거하기 위해 사용되는 방식을 본다. 예는 의도적으로 비현실적이다. 장보기는 실제 생활에서 이러한 방식으로 진행되지 않는다. 청과물 상인은 '사과'라는 이름표를 붙인 서랍에 사과를 넣어 두거나 색상표를 참고하지 않는다. 물론, 우리는 그 결과가 의사소통적으로 타당하다고 인정하는 것을 거부하지 않는다. 요점은, 청과물 상인이 구매자가 구매 목록을 가지고 왔을 때 그러한 관례로 끝내는지 아닌지가 아니라, 일상의 의사소통의 논리는 유명론자가 가정하는 것—즉, 모든 단어는 그것이 나타내는 어떤 것, 그리고 이 '어떤 것'이 그것의 의미인 어떤 것을 가져야만 한다는 것—을 요구하지 않는다는 것이다.

이러한 방향의 공격은 곧 건축가의 언어의 예로 효과적으로 압박된다.(『탐구』: 2) 여기에서 언어에 관한 아우구스티누스적 명제(thesis)의 토대를 위태롭게 하는 것은 포괄적이면서도 상세하다. 비트겐슈타인은 그 자신의 놀이에서 유명론으로 놀이를 한다. 왜냐하면 건축가의 언어가 순수하게 유명론의 용어로 설득력 있게 기술될 수 있기 때문이다. 단어 벽돌, 기둥, 석판, 들보는 유명론자에 의해 네 가지 다른 유형의 대상물에 대한 이름으로 확인될 것이다. 그리고 이 설명은 그 경우에 맞는다. 비트겐슈타인이 생각하고 있는 요점은, 그것이 언어에 어떤 더 복잡한 요구를 하지 않는 의사소통 상황과 관련되기 때문에 맞을 뿐이라는 것이다.

처음 보기에는 소쉬르의 발화 순환에 대해서 제기된 문제가 비트겐슈타인의 의사소통에 대한 설명의 경우에는 일어나지 않는 것처럼 보인다. 단순히 건축가의 조수가 단어 석판의 의미를 이해하느냐 못하느냐에 관한 어려움은 없다. 그것은 건축가의 마음에 있는 석판의 개념이 조수의 마음에 있는 석판의 개념과 일치하는가의 문제가 아니다. 왜냐하면 성공적인 의사소통의 비트겐슈타인적 기준은 감춰진 정신적 사건에 전혀 호소하지 않기 때문이다. 조수가 건축가가 '석판!'이라고 하면 석판을, '들보!'라고 하면 들보를, 등등을 가져오면, 그들의 의사소통은 성공적이다. 아무 것도 더 이상 요구될 수 없고, 로크적 난제는 흔적도 없이 사라진다.

이러한 비트겐슈타인적 책략을 상기하는 것으로도 확신을 하지 못한 사람은 말할 것이다: '그러나 조수가 각각의 외침에 대한 반응으로서 운반을 하려면 여전히 올바른 건축 재료를 인식해야 한다는 것이 확실하다. 어떻게 그가 그렇게 하는가?' 비트겐슈타인은 이러한 반대를 인정한다.

> 우리는 그러한 경우에 무엇이 일어나는지를 이렇게 상상할 수 있다: B의 마음에서 외쳐진 단어가, 말하자면, 한 덩어리의 이미지를 불러일으킨다. 우리가 말해야 하는 것으로서, 훈련이 이러한 연합을 성립시켰다. B는 그의 이미지에 일치하는 그 건축용 석재를 취한다. (『책』: 89)

그런데 이러한 이야기가 그럴듯하게 들리기는 하지만, 가능한 다른 설명이 있다고 비트겐슈타인은 논한다.

> 이것이 반드시 일어난 것인가? 훈련이 생각이나 이미지가 — 자동적으로 — B의 마음에서 떠오르는 것을 초래한다면, 왜 그것은 이미지의 개입 없이 B의 활동을 초래하지 못하는가? 이것은 단지 연합적 작용 원리의 사소한 변이형에 불과할 수도 있다. 단어에 의해 상기된 이미지가 이성적 과정에 의해서 도달되지는 않지만(그러나 그렇다면, 이것은 우리의 논증을 후퇴시킬 뿐이다), 이 경우는 단추가 눌러지면 표지판이 나타나는 작용 원리의 변이형과 확실히 비길 만하다는 것에 유념하라. 사실 이러한 종류의 기제는 연합적인 작용 원리 대신에 사용될 수 있다.
>
> 색깔, 모양, 소리, 등등에 대한 정신적 이미지는, 언어에 의해서 의사소통에서 역할을 하는데, 우리가 실제로 보는 색깔과 듣는 소리의 조각들과 동일한 범주에 놓인다. (『책』: 89)

이러한 응답이 반대를 해결하는가는 다른 문제이다. 우리의 현재 목적과 더 직접적으로 관련된 것은, 비트겐슈타인의 의사소통

각본이 적어도 다음과 같은 점에서 소쉬르의 것처럼 의심스럽게 보이기 시작한다는 것이다.

(a) 조수가 단어를 들으면 그의 머리에서 어떤 것이 진행되는데, 그것의 정확한 본질은 우리가 알지 못하고, 그것이 그가 가져가야 하는 건축 재료의 어떤 유형을 선별하는 데에서 우연히 효과가 있었다.
(b) 이것이 반드시 이성적 과정이지는 않다.
(c) 그것은 그림의 이미지를 반드시 포함하지도 않고, 반드시 수반하지도 않는다.
(d) 그것은 아마도 자동적이고, 일종의 촉발 과정이었다.

이제 비트겐슈타인과 소쉬르의 주요한 차이는, 소쉬르가 유발되고 있는 어떤 '개념'에 대해서 말한다는 사실에 의해서 결정되는 것 같다. 반면에 비트겐슈타인은 직접적으로 유발되는 것이 B의 '행동'일 것이라고 제안했다.

여기에서의 소쉬르의 설명이 더 좋다고 느끼는 사람은 다음과 같이 그것을 방어하려는 생각이 날 것이다. 소쉬르의 용어 '개념'은 고의적으로 모호하고, 소쉬르는 결코 그것을 더 정확하게 기술하려고 하지 않았다. 그래서 촉발된 무엇을 '개념'이라고 부르느냐에는 다음을 제외하면, 많은 것이 달려 있지 않다: 그것은, 그랬던 것처럼, 발화된 단어에 대한 청자의 청각 영상과, 적절한 행동을 하도록 구성된 그러한 운동 프로그램의 시작 사이의 정신적인 완충 장치를 고려한다. 일반적으로, 단어가 청자의 행동을 직접 촉발하는 것을 허용하는 어떤 모형에서나 틀린 점은, 그러면 인간이 언어적 자동기계가 된다는 것이다. 그리고 그것은 우리의 일상적인 언어 경험을 무의미하게 한다. 우리가 사는 세계는 교육이 자동적으로 실행되고 요청이 인정되고, 등등의 세계가 아니다. 소쉬르의 '개념'이 한 이론적 역할은 바로, 말해진 것에 대해서 행동하지 않은 채 그것을 이해하는 것이 가능함을 허용하는 것이다. 비트겐슈타인이 그 가능성을 부인하고자 하지 않는 한 (그렇지 않을 것 같은데), 소쉬르의 발화 순환에 대한 어떠한 비트겐슈타인적 비판도 결국에는 용어론적 독설이 될 것임에 틀림없다. 그것은, 이미 『일반언어학 강의』에서 예견된 움직임인데, 단지 소쉬르의 '개념'과 '청각 영상'의 짝을 더 복잡한 어떤 것으로 해체하는 것만을 의미할 것이다.(『강의』: 28－9)

그러나 이제 출발점에 되돌아온 것처럼 혼란스럽게 보이기 시작한다. 로크의 수수께끼를 사라지게 한 마술적인 책략은 단순히 의사소통이라는 양탄자 아래로 그것을 쓸어 넣음으로써 완결되었다. 석판, 들보 등의 순서를 매기기와 가져가기라는 드러난 절차는, 눈에 볼 수 있게 수행되었기 때문에, 완전한 이론적 이해에 있어서, 대화자의 머리에 숨겨진 절차보다 본래 덜 불가사의하다. ('분명히, 그가 석판을 가져가게 되었다: 당신은 그것을 직접 볼 수 있다.')

직접 보는 것은 직업적 마술사에 의해 끊임없이 상기되는 마지막 피난처이다. 마술사가 몰래 준비해 둔 것은 없다. 비트겐슈타인은 그의 경쟁자의 커튼, 거울, 눈속임 조명의 사용을 비난하는 철학의 마술사로서 무대에 뛰어들었다. 그러나, 그래서 '순수한 자가-공중부양은 이와 같이 수행된다'고 말하고 꼼짝 못하는 채로 있다.

◇ ◇ ◇

의사소통을, 난해한 정신적 사건에 관한 미해결의 배제된 횡설수설(무의미한 주문)이라고 명백히 하는 것은 당연히 유익하며 많은 혼란을 일소할 것이다. 그러나 그것이 계속해서 모든 의사소통의 수수께끼를 없애지는 못한다: 특히, 비트겐슈타인이 한 것처럼, '언어가 의사소통의 수단이라면 정의에서뿐만 아니라 (이것이 이상하게 들릴 수 있듯이) 판단에서도 일치가 있어야 한다'고 여전히 주장한다면.(『탐구』: 242) 왜냐하면 이 주장은 로크의 수수께끼와 매우 유사한 어떤 것을 직접 부활시키기 때문이다. 무엇이 이 이상한 언어적 '일치'인가? 그것은 어떻게 도달되는가? 우리는 어떻게 그것이 관찰되는 것임을 아는가?

비트겐슈타인이 표현한 방식에서 그것은, 우리가 '정의에서의 일치'를 합리적인 논의의 여지가 없는 조건으로 간주하지만, 수반되는 '판단에서의 일치'에 의해서 어느 정도 허를 찔릴 것이리라고 예상하는 것처럼 들린다. 문제의 구절에 대한 최근의 주의 깊은 해석은 이러한 읽기를 확인해 준다.

> 분명히 정의에서의 일치는 필수적이다. 왜냐하면 두 사람이 그들이 사용하는 단어를 설명하는 방식에서 불일치하면, 한 사람이 발화로 의미하는 것은 다른 사람이 그 발화로 이해하는 것이 아닐 수 있고, 이 정도에서 의사소통이 중단될 것이기 때문이다. 그러나 비트겐슈타인은 판단에서의 일치 또한 있어야 한다는 놀라운 조건을 덧붙였다. (Baker and Hacker 1985: 258－9)

그런데, 무엇이 '분명하고' 무엇이 '놀라운가'에 대한 이러한 해석이 맞다면, 비트겐슈타인의 로크와의 불일치를 과장하지 않도록 주의해야 하는 것 같다. 왜냐하면 로크적 '생각'에 온통 찬물이 쏟아졌음에도 불구하고, 의사소통에 대한 로크의 기본적인 설명의 틀은 그대로인 것 같기 때문이다. A와 B가 암시적인 '생각들'을 공유함을 요구하는 대신, 그 요구는 이제 그들이 명시적인 '설명'을 공유한다는 것이다. 그러나 로크가 의견을 달리하려고 했을 것이라는 것은 결코 분명하지 않다. 이 새로운 요구는 실제로 '과학적인' 언어의 확립에 관한 그의 제안의 본질을 공략한다. 그 필요는 항목들에 대한 정의의 분명한 합의적 규정을 위한 것이라고 로크는 주장한다. 여기에서 로크의 입장에서 이상한 것은 비트겐슈타인에게도 이상하다: 즉, 그것이 필요 조건이라는 것을 당연한 것으로 간주하는 것이다.

'의사소통'은 그러한 겉만 번지르르하게 명료한 개념들 중의 하나이다. 모든 것이 명백하게 보이게 될 수 있지만, 실제로 그런 것은 거의 없다. 로크에게는 의사소통이 생각에서의 일치를 요구한다는 것이 분명한 것 같았다. 소쉬르에게는 의사소통이 기호에서의 일치를 요구한다는 것이 분명한 것 같았다. 비트겐슈타인에게는 의사소통이 정의에서의 일치를 요구한다는 것이 분명한 것 같았다. 그러나 이것들 중의 어느 것도 분명하지 않다. 이러한 조건들 중의 어떤 것이 원칙적으로 정확하다면 우리가 훨씬 더 진척되어 있어야 한다는 것조차도 분명하지 않다. 놀이 유추가 여기에서 의사소통에 대한 우리의 이해에 끼친 해는 전혀 명백하지 않은 것을 그런 것처럼 보이도록 한 것이다.

예를 들어, 체스를 하는 두 사람을 보면 우리는 (반대 증거가 없으면) 그 배후에 규칙에 관한 일치가 있다고 가정한다. 유추적으로, 대화에 참여한 두 사람을 보면 우리는 그 배후에는 단어들에 관해서 그에 비길 만한 일치가 있다고 가정하게 된다. 정확히 단어들에 관한 (그것들에 관한 로크의 설명, 소쉬르의 설명, 비트겐슈타인의 설명이 충분히 증명된 것처럼) 이러한 일치가 무엇으로 구성되는가에 관해서는 논의의 여지가 있을 수 있지만, 일단 체스와 언어 사이의 유사성이 수용되면 '명백한' 것으로 보이는 그러한 일치는 어딘가에 어떻게 해서든지 있어야 한다. 그렇지 않으면 실제로 그 유사성은 맨 처음부터 뒤틀릴 것이다. 왜냐하면 사람들이 가만히 앉아서 어떤 규칙이 없이 체스를 하지는 않기 때문이다

그에 따라 나타나는 기술상의 문제는, 우리가 언어적 일치라는 용어를 규정하려고 하는 단계에서 발생할 것이다. 그러나 유추 자체는 그러한 일치가 있느냐라는 문제를 이미 피했다. 결과적으로, 주어진 경우에서 무엇이 그 일치인가를 찾는 중에 생길 수 있는 어려움은 인간 행위에 대한 모든 경험적 탐구를 괴롭히는 다양한 위험에 앞서 있는 것으로 생각된다. 그리고 문제의 근원은 초기의 '일치' 가정 자체에 대해 결코 추적되지도 않고 추적할 수도 없다. 비트겐슈타인은 때때로 이 이론의 심각한 결함을 뚫고 나아가려 고심했지만, 그가 단지 소쉬르만큼만 언어가 체계적이라는 명제(thesis)에 대해서 전념했기 때문에, 거기까지 고심할 만한 여유가 없었다. (놀이처럼 언어가 화자/놀이꾼이 동의하는 규칙이 있지 않으면 어떻게 그럴 수 있는가?) 소쉬르도 그것을

뚫고 나아가려 고심했지만, 언어 체계가 설명될 수 있다는 명제(thesis)에 대해 그가 언어학자로서 전념했기 때문에, 그 역시 거기까지 고심할 만한 여유는 없었다.

이론의 심각한 결함을 그럭저럭 헤쳐나가는 것은 어느 경우에나 의사소통의 기술과 의사소통의 설명 사이의 조화에 대한 욕구에 의해서 방해된다. 예를 들어 우리가 『탐구』: 2의 건축가의 언어를 조사할 때, 이해할 수 있는 경향은 건축가와 그의 조수 사이의 일치에 의해서 이것을 기술하려고 하는 것이다. 그들이 '벽돌!'이 벽돌을 달라는 외침이라는 것, 등등에 동의하면 안 되는가? 그 체계가 달리 어떻게 작용할 것인가? 그러나 '그 밖의' 하나는 단순히 건축가와 그의 조수가 독립적으로 그렇게 행동하도록 훈련되어 있다는 것일 수 있다. (『탐구』: 2에서 이 언어에 대한 비트겐슈타인의 초기 제안은 이러한 해석을 불러일으킨다. 조수가 '그렇고 그런 외침에 가져가도록 배운 석재를 가져가지만', 어디에서도 우리는 건축가가 그를 그렇게 하게 가르쳤다는 것을 듣지 못했다.) 우리가 이것을 분간하자마자, '일치'의 개념은 즉시 문제가 있는 것으로 보이기 시작한다. 단지 규정할 수 있는 특정한 규칙들 아래에서의 생활에 대한 우리의 독자적인 수용에만 의거하는, 어떤 종류의 일치를 내가 내 이웃과 하는가? 단지 『옥스퍼드 영어 사전』이 영어 용법에 대해 권위가 있다는, 우리의 독자적인 수용에만 기초한 어떤 종류의 일치를 내가 내 대화자와 하는가?

놀이 유추는 그러한 의심 모두를 가라앉히는 데에 이상적이다. 확실히 나는, 내가 내 삶에서 이전에 그녀를 만난 적이 절대로 없다 해도 내가 이 여자와 실제로 체스를 하고 있는가를 의심할 수 없다. 그녀의 움직임, 그녀의 반작용, 나의 루이 로페즈(Ruy Lopez)식 시작에 대한 그녀의 반응, 그녀의 전체 행동, 이 모든 것들은, 우리가 일치하고, 우리가 일치하는 것을 우리가 알고, 모든 관중이 우리가 일치한다는 것을 우리가 안다는 것, 우리가 체스를 하고 있다는 것에 동의한다는 것을 우리가 안다는, 내 믿음을 확신시킨다. 또한, 내가 그를 알지 못하고, 언젠가 그가 나에게 기차역으로 가는 길을 물은 적이 없다 해도, 내가 실제로 이 남자와 영어로 말하고 있는가를 내가 의심할 수 없다는 것도 분명하다. 그가 발화하는 소리, 그의 표정, 나의 불확실한 첫 문장에 대한 그의 반응, 이 모든 것들은, 우리가 일치하고, 우리가 일치하는 것을 우리가 알고, 그들 자신의 충고를 기꺼이 내놓을 구경꾼들이 모두 내 대답이 불충분함을 안다 해도 우리가 영어로 말하고 있다는 것에 동의한다는 것을 우리가 안다는, 내 믿음을 확신시킨다. 이 모든 것은 그러한 일치가 있지 않는 한 기적이 아닌가?

그럼에도 불구하고, 건축가와 그의 조수가 하는 것에 대한 기술로서 '일치' 이야기를 만드는 것과, 건축가와 그의 조수가 하는 것에 대한 설명으로서 '일치' 이야기를 만드는 것 사이에는 다른 세계가 있다. 그것은, 공산주의자와 사회민주주의자가 그 법안을 반대하지 않는 것에 일치했다고 말하는 것과, 공산주의자와 사회민주주의자가 그 법안을 반대하지 않기로 일치했다고 말하는 것 사이의 차이와, 비슷하다. 불행히 이 근본적 차이는 건축가의 언어와 같은 예에서 제거되는 경향이 있는데, 건축을 위해 사용되는 단어들이 그들의 완전한 언어를 구성한다는 약정 때문이다. 그러면 어떻게 단지 두 참여자가 그런 식으로 행동하는 것에 일치하는 것이 아니라 그런 식으로 행동하기로 일치할 수 있는가? 우월한 언어적 의사소통이나 혹은 비언어적 의사소통의 어떤 형태가 그러한 일치를 표명하는 데에 쓰일 수 있는가?

우리가 진지하게 다음과 같은 명제들의 총체적인 효과를 취한다고 가정하자: (i) 건축가와 그의 조수가 사용하는 네 단어가 그들의 완전한 언어를 구성한다는 것, (ii) 건축가와 그의 조수가 이 체계로 의사소통을 한다는 것, (iii) 비트겐슈타인이 주장한 것처럼, 언어 공동체는 정의에서의 일치를 요구한다는 것. 여기에서 무엇이 건축가와 그의 조수 사이의 '정의에서의 일치'를 파악할 가능성인가?

소쉬르의 경우에 상응하는 문제는, 우리가 주목하는 것처럼, 무엇이 정확히 건축가와 그의 조수가 사용하는 기호들의 공통 체계가 되느냐를 결정하는 문제일 것이다. 건축 작업의 성패가 좌우되는 성공적인 파롤에 아마도 깔려 있는 기표(signifiant)와 기의(signifíe)와의 공유된 대응인, 그들의 '기호에서의 일치'를 우리가 어떻게 파악하는가?

분명히, 거기에는 언어적 정의의 유형에 대한 문제가 있을 수 없다: '벽돌을 "잘라진 돌이나 나무 . . . 등의 준비된 직사각형의 단위"로 정의하자.' 왜냐하면 가정에 따른 건축가의 언어가 너무 빈약한 체계이어서 그러한 정의를 충족시키지 못하기 때문이다. 그러나 아무 것도 건축가와 그의 조수가 다음과 같은 방식으로 그들의 타협을 성취한다고 우리가 상상하는 것을 막지 못한다.

건축가가 단어 '벽돌!'을 벽돌 더미를 가리키면서 말하고 나서 더미에서 벽돌을 가져오는 동작이 무언극으로 진행되었다. 그리고 나서 그는 '석판!'을 석판 더미를 가리키면서 발화하고 석판을 가져오는 것을 말없이 한다. 그리고 나서 기타 등등. 그리고 나서 그는 단어 '벽돌!'을 발화하고 조수에게 가서 하나를 가져오도록 신호하는 것을 시험 삼아 해 본다. 조수가 그렇게 했고, 건축가는 미소를 지었고, 벽돌을 받았고, 결과에 만족하는 모든 신호를 보냈다. 그러나 어떻게 조수는 그 시도에서 그가 맞는 것을 했다는 것을 인식하는가? 비트겐슈타인 자신은 우리에게 답을 제시한다: '인류의 공통적 행위는 우리가 알지 못하는 언어를 해석하는 수단이 되는 참고 체계이다.'(『탐구』: 206)

그렇다면, 그러한 방식으로, 가리키기나 무언극이라는 수단을 통해서, 건축가와 그의 조수가 그들의 체계를 설정하게 되었다는 것을 인정하자. 이것을 성취하기 위해 그들은 체계 자체의 요소들 외부로 나아갈 필요 없이 '인류의 공통적 행위'의 어떤 특질에 대한 그들의 인식을 이용하면 되었다. 그러나 그들은 이것을 시작하기 위해 어떤 우월한 언어적 체계를 사용하지 않았다. 그것은 그들이 내부로부터 세운 체계이다. 이 모든 것을 가정하면, 이제 우리에게 흥미로운 문제는 다음과 같다: 그들의 '정의에서의 일치'가 무엇으로 구성되는가? 상응하는 소쉬르적 문제는 다음과 같을 것이다. 무엇이 그들의 공유하는 공통의 기호 체계이고, 그들의 '기호에서의 일치'를 구성하는가?

한 가지 대답은 다음과 같을 것이다. 그것은 반복되는 부르기와 가져오기라는 전체의 규칙적인 절차가 근거하고 있는 상관관계 유형에 대한 그들의 공통적 수용일 뿐이다. 그러나 '정의에서의 일치'에 대한 해명으로서의 이것과 관련해서 매우 이상한 것이 있다. 개 주인의 의도에 맞게 반복해서 달려가서 파도에 휩쓸린 나뭇가지와 유목 조각을 회수하는 개를 우리가 해변에서 볼 때, 우리는 이러한 상호 협동적인 쌍에 대해서 '그렇다. 물론, 그들은 정의에서 일치한다. 그렇지 않으면, 그것은 작업이 가능하지 않다'라고 하지는 않는다. 그리고 더욱이, 이상하게도, 우리가 개의 막대기 가져오기 놀이에 대해서 이렇게 말한다 해도, 그들의 상호 협동의 체계성에 존재하는 것으로서(이 경우에 우리는 아무것도 설명하지 못하고 단지 진행되고 있는 것에 대해서 이상한 재-기술을 할 뿐이다), 혹은 참여자들의 공유된 기대에 의해서 외에는, 개와 주인 사이의 정의의 '일치'라는 개념을 명료하게 설명할 방법을 알기 어렵다. 그러나, 우리가 그러한 움직임을 하는 순간, 우리는 인간과 개 둘 다의 모호한 영역인 정신 작용 안에 들어가 있다.

다른 대답은 다음과 같은 것이다. 건축가와 조수 사이의 일치는 둘 다 부르기와 가져오기 작업을 위한 동일한 집합의 상관관계를 사용하고 있다는 것을 각각 인식하는 것이다. 그러나 그 대답의 문제는 가정이 단순히 잘못될 수 있다는 것이다. 모든 것이 매끄럽게 진행되고 건축 작업에 해가 되는 것이 있지 않는 한 우리가 아무 것도 알지 못할 것이라는 것은 의심할 여지가 없다. 그러나 그럴 수 있다. 예를 들어, 가령 건축가가 그의 입에 점심 샌드위치의 나머지를 둔 채, '검정!'처럼 들리는 어떤 것을 발화함으로써 오후 과정을 시작한다. 조수는 움직이지 않는데, 검정이 그의 어휘부 안에 있는 단어가 아니기 때문이다. 건축가가 그의 조수의 큰 놀라움에 분명한 짜증의 기호를 보인다. 혹은 아마도 약간의 석판이 들보 더미에 있었다. 그래서 한 번은 건축가가 '들보!'라고 할 때 그가 석판을 가져가게 된다. 이것은 조수가 작업의 상관관계가 단어와 재료 더미 사이에 있지 단어와 항목의 유형 사이에 있지 않다고 생각했기 때문이다. 소쉬르적 용어로, 이것은 건축가와 조수가 동일 개념(기의)을 동일 청각 영상(기표)과 연결시킨 것이 아니었음을 보이는 것 같다.

우리가 그러한 방해에 대해서 무엇을 말하게 되는가? 의사소통이 중단되었는가? 아마도 이것이, 정의(혹은 기호)에서의 일치 없이는 한 사람이 어떤 발화로 의미하는 것이 다른 사람이 그것으로 이해하는 것과 동일하지 않다는 일반적인 명제(thesis)를 우리가 수용한다면, 우리가 말해야 하는 것일 것이다. 그러나 한편, 아마도 건축가와 조수 사이에는 어떤 의사소통도, 일정한 오해가 이전에는 결코 드러난 적이 없기는 하지만, 전혀 있지 않았을 수 있다. 그들은 그들이 정의에서 일치했다고 생각했을 것이다: 그러나 그들은 오해하고 있다. 그들은 그들이 동일 기호 체계를 사용하고 있었다고 생각했을 것이다: 그러나 그들은 그렇지 않았다. 그들은 다른 규칙으로 놀이하고 있었다. 따라서 동일한 놀이를 하고 있지 않았다는 것을 그들이 발견하기까지 단지 시간이 많이 걸렸을 뿐이다.

비트겐슈타인은, 소쉬르와 달리, 그러한 바람직하지 못한 결론을 이리저리 피해 나갈 길을 만들 수 있는 여러 가지 빠져나갈 구멍을 탐색했다. 예를 들어, 그는 규칙이 생각할 수 있는 모든 개연성을 다루기를 기대하기엔 그것이 너무 많다는 것을 지적했다. 그는 테니스에서 서브를 하는 사람이 얼마나 공을 높이 던지는가에 대한 규칙이 없다고 (잘못) 주장했다. '그러나 그럼에도 불구하고 테니스는 놀이이고 규칙 또한 가지고 있다.'(『탐구』: 68) 이것은 비트겐슈타인이 그의 '상식'이라는 패로 놀이를 하는 것이다. 동일한 패의 다른 것은, 예외가 '정상적인' 경우와 마찬가지로 빈번하게 되면 모든 것을 망친다고 주장하는 것이다. 식료품점은, 분명한 이유 없이 치즈 덩어리의 크기가 자주 늘어나거나 줄어들면, 치즈 덩어리를 저울에 달아 그 무게에 따라 대금을 청구하지 않을 것이다. 필요한 변경을 하면 단어에도 동일하게 적용된다. '오직 정상적인 경우에만 단어의 사용이 분명하게 규정된다.'(『탐구』: 142) 다른 한편으로 소쉬르는 '정상성'에 관해 단서를 달지 않았는데, 이것은 그가 단순히 간과한 것이 아니다.

'상식' 패로 놀이를 하는 문제는, 일단 우리가 언어적 의사소통의 필수 조건으로 정의에서의 일치가 있어야 한다고 단언하면, 그 패가 더 이상 으뜸 패가 아니라는 것이다. 어느 경우라도 '검정!'에 관한 장애를 규칙들에 의해 다루어지지 않는 경우에 포함시킬 수는 없는 것이다. (테니스에서 선수는 공을 얼마나 높이 던질 수 있는가에 대한 제약이 없다는 것을 안다.) 석판이 들보 더미에서 나올 가능성을 비정상적 경우로 간주하는 것도 되지 않을 것이다. 그것은 들보가 불규칙적으로 그 더미에서 건축가에게 가는 도중에 석판으로 바뀌는 것과 같지 않다. 이것이 규칙과 정상성 조건에서의 틈에 관한 비트겐슈타인의 일반적 관찰의 타당성을 부정하는 것은 아니다. 분명히, 건축가의 언어는 건축가가 생드위치를 먹고 있으면서 어떤 것을 결코 명확히 표명하지 않으면 작동하지 않을 것이다. 빈번하지만 예측할 수 없는, 들보가 석판으로, 석판이 벽돌로, 등등의 변형의 경우들도 마찬가지이다. 그러한 조건에서는 어떤 체계도 작용하지 않을 것이다. 그러나 그것이 요점은 아니다. 요점은 건축가와 그의 조수가 '정의에서 일치하지' 않는다는 것이 나타나면 우리에게 매우 제한된 집합의 선택만이 남겨진다는 것이다. 하나는 건축가와 그의 조수가 의사소통하고 있었다는 주장을 포기하는 것이다. 다른 하나는 정의에서의 일치가 의사소통에 필수적이라는 주장을 포기하는 것이다. 셋째는 임시변통으로 어떤 타협을 하려고 하는 것이다. 예를 들면, 장애에 직면하기 전까지는 그들이 실제로 의사소통을 했는데 그것은 그들의 일치가 그 경우에서 그 상황을 성공적으로 다룰 만큼 충분히 들어맞았기 때문이라고, 그러나 논란의 여지가 있는 경우에서는 그들의 일치가 100퍼센트가 아니었기 때문에 의사소통에 실패했다고 말하는 것이다.

소쉬르주의자의 어려움은 이러한 것을 가진 네 가지 모두에 있다. 발화 순환에 대한 설명이 화자의 개념이 청자의 개념과 일치하지 않아도 언어적 의사소통이 성공적인 경우를 수용하도록 고쳐져야 하거나, 건축가와 그의 조수의 경우가 언어학에서 추방되어 다른 기호 체계를 통한 의사소통을 다루게 될 기호학의 어떤 분야에라도 이관되는 것이다.

선택들 중에서 어느 것이 선택되든지, 세 가지 결론이 나온다. 첫째, '정의에서의 일치'나 '기호에서의 일치'에 대한 호소는 무엇에 대해서도 설명력이 있는 작업이 되지 못한다. 왜냐하면 의사소통이, 일어난다면, 일치의 부족에도 불구하고 일어나거나, 그렇지 않으면 일치가 실제에서 문제가 없는 것으로 드러난 경우에 대해서만 확장되기 때문이다. 둘째로 그 문제는 놀이 유추에 의해 우리에게 떠맡겨진다. 문제는 유추가 맞지 않다는 것이다. 여기에는 체스의 규칙에 대한 상대물이 단순히 없는데, 건축가와 조수 사이의 언어적 상호 작용이 언어적 의사소통의 형태가 아니라는 것을 인정하는 고통 하에서, 어딘가에 있어야 한다고 주장하는 것은 잘못된 것이다. 셋째로, 그 경우에 대한 비트겐슈타인주의자의 분석은 소쉬르주의자의 분석보다 더 좋은 모양이 아니다. 둘 다 정확히 유사한 문제에 직면한다. '정의에서의 일치'는 소쉬르의 기표(signifiant)와 기의(signifíe)의 동일성에 대한 비트겐슈타인주의자의 번역이다.

◇ ◇ ◇

이제 언어적 의사소통이 또한 요구하는 비트겐슈타인의 '놀라운' 조건인 판단에서의 일치는 무엇인가? 그것은 전혀 놀랍지 않은 것으로 드러난다. 왜냐하면, 드러나는 것처럼 '정의에서의 일치'가 거의 유용한 작용을 하지 못한다면, 더 구체적이고 화용적인 어떤 것이 확실히 필요하다. 그러나 무엇이 이 '판단에서의 일치'인가?

> '판단에서의 일치'가 의미하는 것은 많은 경험적 명제의 참과 거짓에 관한 개인들 사이의 합의이어야 한다.
>
> (Baker and Hacker 1985: 259)

만일 그렇다면, 이것은 건축가의 언어에 대한 우리의 분석에 불길한 것인데, 무엇이 참이고 무엇이 거짓인가에 관한 질문이 언뜻 보기에는 발생하지 않는다. 그것은, 우리가 참과 거짓을 다른 것들과 같이 단지 일상적인 단어인 것으로 파악하면, 이중으로 불길하다. 왜냐하면 이것은 이 두 단어만이 어휘에서 어떤 종류의 우월한 위치를 차지해야 하는 이유에 관해서, 그리고 특히 그것들이 언어적 의사소통에 대한 우리 인간의 권리에 어떤 선취특권을 유지해야 하는 이유에 관해서도, 완전히 새롭고 다루기 힘든 문제를 만들어 내도록 위협하기 때문이다.

진리는 특별한 경우의 타당성이라고 제안될 수 있다. 타당성이라기보다는 오히려 특별한 경우의 진리이다. 그리고 이러한 제안으로 무장하면, 우리는 비트겐슈타인의 '판단에서의 일치'에 대해 덜 좁은 해석을 제안할 수 있다. 아마도 우리가 찾고자 하는 모든 것은, 예를 들어 건축가가 '벽돌!'을 외치고 조수가 벽돌을 가져올 때 그 두 사람이 이것을 타당한 결과인 것으로 판단하고 서로 그렇게 판단한 것으로 인식한다는, 어떤 표시이다. 그러한 판단이 근거하는 것은 무엇이고, 어떻게 그것들이 인식될 것인가? 여기에서 다시 한번 '공통의 인간 행위'로 물러나기 쉽다. 건축가가 조수가 한 것을 타당한 것으로 인식하면, 그는 벽돌을 받지, 그것을 한 쪽으로 던지고, 노려보고, 노하여 고함치고, 조수의 귀를 때리고, 등등을 하지 않는다. 조수도 그가 문제의 항목을 가져간 것이 '벽돌!' 하는 외침에 대한 타당한 반응인 것으로 판단하면 그러한 행동을 예상하지 않는다. 이와 같은 설명은, '타당성'에 대한 행위적 설명과 그에 따른 판단으로서의 목적을 달성하기 위해서 적절한 세부

사항들과 자격 조건들 모두로 확실히 채워질 수 있다.

잠깐 동안 우리가 모든 것이 충족된 설명을 가지고 있다고 하자. 우리에게 떠오르는 첫째 요점은 다음과 같다. 그것이 '정의에서의 일치'에 대한 어떤 설명도 불필요하게 한다는 것이다. 더 정확히는 그것이 우리에게 건축가와 그의 조수 사이의 '판단에서의 일치'가 그들의 '정의에서의 일치'를 대신하거나 오히려 포괄한다는 것을 깨닫게 한다. 달리 말하면, 실제에서 판단에서의 일치로 바뀔 수 없는 한 (무엇이 되든지 간에) 정의에서 그들이 일치하는 점이 거의 없다는 것이다. 우리는 이것이 우리의 일상적인 '의사소통'의 개념과 조화된다는 더 일반적인 고찰에 의해서 그러한 확신이 강화될 수 있다. 따라서 그것은, 예를 들어, 얼간이가 '녹색'이라고 부르는 페인트의 모든 견본을 얼룩이가 '노랑'이라고 발음하고 얼룩이가 '녹색'이라고 부르는 페인트의 모든 견본을 얼간이가 '파랑'이라고 발음하면, 실내 장식가 얼간이와 얼룩이가 단어 녹색을 '스펙트럼에서 파랑과 노랑 사이의 색깔'을 의미하는 것으로 정의하기로 동의하는 데에 거의 만족하지 못하게 되는 것이다. 그러한 근거에서는 그들이 내부 장식가로서보다는 사전편찬자로서 협력하는 것이 더 나을 것이다.

다른 한편으로, 얼간이와 얼룩이가 항상 특정한 녹색 페인트의 견본에 대해 일치한다면, 그것은 그들이 단어 녹색에 대한 사전적 풀이에는 일치할 수 없어도 그들의 내부 장식 사업에 대해서는 아무런 차이를 만들지 않을 것이다. 그러한 경우에 그들은 장식하는 것에 집중하고 사전은 내버려 두라고 틀림없이 충고 받을 것이다. 필요한 변경을 하면 동일한 것이 건축가와 그의 조수에게 적용되는데, 어떤 경우에나 사전은 그들에게 약속된 성공을 거의 제공하지 못한다.

소쉬르의 경우에는 '판단에서의 일치'와 필적될 만한 역할이 없다. 그리고, 그 결과로 그의 입장이 비트겐슈타인의 입장과 얼마나 많이 다른지를 과소평가하는 것은 잘못인 것 같다. 소쉬르주의적 언어학은, 그것이 인간 활동의 영역 내에서 언어적 현상과 비언어적 현상의 엄격한 분리의 가능성을 가정한다는 의미에서, '분리주의자'(segregationalist)이다. 더 지루하게 그것은 인간의 언어적 행위가 동반되는 비언어적 행위와 분리되고 독립적으로 처리될 수 있다고 가정한다. 따라서 소쉬르에게 언어 분석은 개인이나 공동체의 언어 사용에 대한 분석과는 매우 다른 일이다. 다른 한편으로 비트겐슈타인의 경우에는 언어가 분리된 존재를 가지지 않는다. 단어는 항상 '삶의 형태'에 깊이 새겨진다.(『탐구』: 19) 그의 가상의 언어 놀이는, 건축가와 그의 조수의 원형적 경우에서처럼, 어떤 종류의 목적적인 인간 활동에 얽히고 얽혀 통합된다. 따라서 비트겐슈타인의 경우에 건축가의 언어에 대한 기술은 그것의 언어적 장치에 대한 철저한 설명보다 더 많은 것을 포함하는데, 그것은 모두 소쉬르주의적 언어학자라면 제시할 의무가 있다고 느끼는 부분이다. 이것은, 소쉬르가 **랑그**와 **파롤** 사이에서 이끌어 낸 것과 같은 엄격한 구분을 왜 비트겐슈타인은 전혀 하지 않았는가에 대한 설명의 다른 부분이다(5장을 참고). 비트겐슈타인의 경우에는 노는 것이 놀이의 가장 좋은 부분이라고 말할 수 있다.

소쉬르주의자의 관점에서는, 조수가 건축가의 외침에 (예를 들어, '벽돌!'이라는 외침에 대한 반응으로 벽돌을 가져옴으로써) 적절하게 반응한 주어진 예에서 건축가와 그의 조수가 일치한다면, 그것은 단지 성공적인 언어적 의사소통의 결과이지 그것의 통합적 부분이 아니다. 반대로, 성공적인 언어적 의사소통이 똑같이 불일치로 귀착될 수 있다. 이것은, 소쉬르에게 있어서 의사소통은 단지 화자와 청자가, 발화 순환의 적절한 분절에 관하여, 동일한 언어 기호를 확인하는가에 달려 있기 때문이다. 각각의 경우에 의사소통은 조수가 요구된 품목을 가져오는 것을 시작조차 하기 전에 이미 완결된다 — 혹은 즉시 실패한다. 언어적 의사소통은, 대략, 소쉬르에게 있어서 발화 순환 자체에 내적이고 어떤 점에서는 발화로부터 생기는 실제 결과에 의존하지 않는다.

이러한 소쉬르와 비트겐슈타인의 중요한 차이를, 비트겐슈타인에게는 발화 순환이 조수가 벽돌을 가져오지 않는 한 완결되지 않는 반면에 소쉬르에게는 그 작업이 완전히 발화 순환의 외부에 놓여 있다고 함으로써, 요약해 볼 수 있다. 따라서 '판단에서의 일치'가 비트겐슈타인에게는 중요하고 소쉬르에게는 무관하다.

소쉬르의 입장의 한 가지 주목할 만한 결과는, 소쉬르적 용어로, 건축가와 그의 조수가 결코 일치하지 않는 것이, 둘 다 동일한 언어를 사용하고 의사소통에 단절이 결코 없다 해도, 이론적으로 가능할 수 있다는 것이다. 이것은 소쉬르에게 있어서 언어 기호가 달리 정의되기 때문이다. 적절한 기준은 항상 대조의 기준이다. 동일한 원리가 청각 영상과 연합된 개념 둘 다에 적용되고, 그것이 언어의 '가치'에 대한 소쉬르적 개념의 핵심이다.

> 우리가 이러한 가치들이 어떤 개념들에 해당한다고 말하면, 문제의 개념들은 순전히 차별적이라는 것이 이해되어야 한다. 그것은 그것들이 그 내용에 의해 적극적으로 정의되지 않고, 동일 체계의 다른 항목들과의 대조에 의해 소극적으로 정의되는 개념이라는 것을 말한다. 각각을 가장 정확하게 특징짓는 것은 다른 어떤 것이 아닌 바로 그것이다. (『강의』: 162)

언어 기호의 대조적 정체성에 대한 이러한 주장은 가장 일반적으로 인용되는 소쉬르주의자의 경구 중의 하나로 요약된다: 언어 자체에는 차이들만이 존재한다.(『강의』: 166)

순전히 차별적인 기준에 대한 이러한 주장 때문에, 조수가 가져오는 품목이 건축가가 원하는 것과 일치하지 않을 수 있고, 건축가와 그의 조수가 건축 작업에서 완전한 교착 상태에 빠지는 경우를 상상하는 것이 가능하다. 이것은, 예를 들어 다양한 유형의 건축 재료가 서로 단순히 상대적 크기, 상대적 무게, 상대적 경직성, 상대적 유공성, 등등의 조합에 의해서 구별되고, 체계의 '상이한 의미적 특질'이 그에 따라서 '더 큰 것과 더 작은 것', '더 무거운 것과 더 가벼운 것', '더 단단한 것과 덜 단단한 것' 등이 되면, 발생할 수 있다. 그래서, 건축가와 그의 조수가 사용되는 용어들(벽돌, 석판 등)에 대한 '정의에서는 일치'하지만, (그들이 '더 큰' 대상물 혹은 '더 무거운' 대상물에 대해 무엇을 큰, 혹은 무거운 것으로 간주하느냐에 대해 다른 관점을 취할 수 있기 때문에) 비축품에서 어떤 단일 품목에 어떤 용어를 적용하는 것에서는 결코 일치하지 않는 것이 가능할 것이다. 그 결과는 건축가가 조수의 '벽돌'을 그것이 너무 작기 때문에, 그러나 더 큰 '벽돌'이 오면 그것이 너무 구멍이 많기 때문에, 등등 항상 거부하는 것이다. 어떻게 그리고 왜 정상적인 두 사람이 항상 그러한 미치광이식의 혼란스러운 분류를 계획할 것인가가 수수께끼라는 것은 말할 필요조차 없다. 그러나 언어가 미친 짓에 안전하지는 않다.

소쉬르식의 차별적 정의도, 이론적으로는 정연하지만 두 사용자가 동일한 발음을 배우지 않았기 때문에 실제에서 사용할 수 없는, 언어의 미친 짓에 대해 안전하지는 않다. 결과적으로, A가 어떤 단어를 발음하면 B가 그것을 인식할 수 없다. 이것은 A와 B가 동일한 음운 체계를 사용하고 있어도 일어날 수 있다. (즉, '음운적 정의'에 대해서는 일치된 집합이 있지만 말소리의 음성적 실현에는 광범위한 개인적 차이가 있다.) 이것은 정확히 앞 단락에서 기술된 가상의 경우를 보완한다. 미치광이식의 음운론은 미치광이식의 의미론과 함께 한다. (그러나 말이 난 김에 미치광이식의 음운론이, 미치광이식의 의미론이 그렇게 보이는 것처럼, 아직까지 일상의 건전한 언어적 경험에서 제거되지 못했다는 것은 주목할 만하다. 결국, 두 사람이 동일한 정서법, 동일한 문자에 충실하고, 이십 세기의 영어를 쓰고 있다 해도 서로의 필기를 읽을 수 없다고 말하는 것은 바보짓이 아니다.)

미치광이식의 역설을 상세히 설명하는 것은, (어린아이가 거미에 대해서 '그것의 다리가 이상하다'라고 하는 말이 자연의 선택 원리에 대한 비판이 아닌 것처럼) 소쉬르식의 언어학에 대한 단순한 경구도 아니고 간접 증명법도 아니다. 그러나, 건축가와 그의 조수가, 언제나 불가능하다고 생각되는, 미치광이식의 음운론을 미치광이식의 의미론과 가까스로 결합해 본다면, 그들은 둘 다 바벨탑을 건설하는 곤경에 처할 것이다. 바벨탑의 신화는 소쉬르식의 설명에 아주 직접적으로 적합하다. 하룻밤 사이에, 신은 발화 순환에서 하나 이상의 관계는 뒤섞었다. 다음날 아침 시날(Shinar, 바빌로니아)의 땅에서 모든 이들은 여전히 어젯밤처럼 동일한 공통의 언어를 분명히 말하고 있었다. 그러나 불행히도, 조수들은 더 이상 건축가들이 말하고 있는 것을 이해할 수 없었다. 신은 몇 가지 방식으로 이것을 불러일으켰을텐데, 왜냐하면 소쉬르식의 발화 순환은 의사소통의 분열의 다양한 유형에 취약하기 때문이다. 이러한 가능한 붕괴 지점을 열거하는 것은 소쉬르의 의사소통의 개념과 그것의 파롤의 개념과의 관련성에 대해 완전한 분석을 제공하는 가장 단순한 방법이다. 모두해서 일곱 가지 그러한 점이 있다.

(a) A의 본래 개념과 A의 뇌에 있는 적절한 청각 영상 사이의 연결 실패
(b) A의 뇌에 있는 청각 영상과 A의 발음 기관을 포함한 적절한 운동 프로그램 사이의 연결 실패
(c) 운동 프로그램 자체에 내적인 실패
(d) 외부의 소음 때문에 음파의 전달에서의 실패
(e) B의 귀에서 B의 뇌로의 음성을 중계하는 청각 프로그램에서의 실패
(f) B의 뇌에서 청각 영상의 확인에서의 실패
(g) B의 뇌에서 청각 영상과 개념 사이의 연결 실패

신은 체계적인 분열을 일으키기 위해 이 일곱 가지 중의 어떤 하나를 선택할 수 있었다. 미치광이식의 음운론은 (f)에서는 붕괴를 만들어내지만 다른 것에서는 그렇지 않다. 미치광이식의 의미론은 그러한 발화 순환에서는 전혀 붕괴를 만들어 내지 않는다. 그러나 바벨탑의 건설에서 진행을 정지시키는 데에 효과적일 것이다.

비트겐슈타인은, 목재를 땅에 무더기로 쌓아 놓고 각 더미로 덮인 부분에 따라 목재에 요금을 매김으로써 나무를 파는 공동체를 상상하면서, 미치광이식의 의미론의 경우를 논의한다. 그들은 이것을 다음과 같이 말함으로써 정당화한다: '물론, 당신은 더 많은 목재를 살수록 더 많이 지불해야 한다.'

> 어떻게 내가 그들에게 — 내가 말해야 하는 것처럼 — 당신이 땅을 더 넓게 차지하고 있는 더미를 산다면 실제로는 더 많은 나무를 사는 것이 아니라는 것을 보일 수 있는가? — 예를 들어, 내가 그들의 생각으로는 작은 더미를 택해서, 주위에 통나무를 놓음으로써, 그것을 '큰' 것으로 바꾸겠다. 이것은 그들을 확신시킬 수 있다 — 그러나 아마도 그들은 말할 것이다: "좋다, 이제 그것은 나무가 많고 더 비싸다" — 그리고 그것이 그 사건의 마지막일 것이다. (『고찰』: 94)

계약의 끝은, 확실히 (그러나 비트겐슈타인에게는 실례이지만) 언어의 미끄러운 경사면의 시작일 뿐이다. 비트겐슈타인은 따라서 논의를 마감한다.

> 우리는 아마도 이 경우에 다음과 같이 말할 것이다: 그들은 단순히 "많은 나무"와 "적은 나무"로 우리가 하는 것과 동일한 것을 의미하지 않는다. 그리고 그들은 우리와 매우 다른 지불 체계를 가지고 있다. (『고찰』: 94)

소쉬르는 틀림없이 그 지불에 관해 동의할 것이다. 그러나 소쉬르적 관점에서는 '그들의' 영어와 '우리의' 영어가 서로 다른 특유한 공시 체계를 구성한다는 것이 결코 분명하지 않다. 비트겐슈타인처럼 그 이야기는, 우리의 것과 정확히 동일한 의미론과 통합론을 가지는 것이 그들의 더, 덜, 나무 등의 기호들과 완벽하게 양립할 수 있다는 것을 말해 준다. 그들은 단순히 목재를 다르게 가치를 매긴다. 그러나 그것이 그들이 영어를 말하지 않는다는 것을 의미하지는 않는다.

소쉬르식의 언어학은 어떻게 미치광이식의 역설을 피하는가? 단지 언어 체계(랑그)를 시간 안에 위치시킴으로써 그렇게 한다. 이러한 움직임은, 언어 사용자들 사이에 '판단에서의 일치'를 요구함으로써 비트겐슈타인이 틀어막은, 이론적 틈을 채운다. 그것은 결국에는 동일한 것이 된다. 랑그(*la langue*)를 시간 안에 (말하자면, 공동체의 문화사에) 위치시킴으로써, 이론가는 그 공동체에 의사소통적으로 적절한 상관관계의 우선적인 설정을 주어진 것으로 간주할 수 있다. 이러한 상관관계에 대해서는 결코 어떤 의심도 없는데, 그것들이 '그 언어로' 전해졌기 때문이다. 그것들은 공동체 내에 합의가 — 반드시 — 있는지에 관한 판단의 기초를 형성한다. 그리고 그것 없이는 아무런 공통의 언어도 있을 수 없다.

◇ ◇ ◇

그렇다면 의사소통의 문제는 공통의 언어를 가정함으로써 해결될 것이다. 소쉬르의 해결책과 비트겐슈타인의 해결책 사이의 주요한 차이는 그들이 이 '공통의 언어'에 포함시키는 것에 있는 것 같다. 소쉬르의 **랑그**는 그것의 사용자 모두에게 사적인 개념과 연합된 청각 영상의 동일한 비축을 제공하는 기호들의 공식적 체계이다. 비트겐슈타인은 더 일반적으로 그의 공통 언어에 '정의에서의 일치'뿐만 아니라 '판단에서의 일치'도 포함시키는데, 그것은 처음 보기에 훨씬 더 많은 것을 다루는 것 같다. 혹시 실제로 더 많은 것을 다루는가?

'판단에서의 일치'는 아마도 단어의 청각적 확인에 확장되어야 한다. 이것은 비트겐슈타인이 소쉬르와 달리 침묵으로 내버려 둔 언어적 의사소통의 한 측면이다. 그러나 그것이 덜 근본적이지는 않다. '검정!'에서의 장애가 나타내는 것처럼, 건축가와 그의 조수가 그들 체계의 음운론적 변수를 선별해야 한다는 것은 본질적인 것 같다. 이것이 어떻게 해서든지 비트겐슈타인의 이중적인 일치에 포함되지 않으면, 그의 언어 의사소통에 대한 설명은, 소쉬르가 틀림없이 지적했을 것처럼, 매우 불완전한 것으로 판단되어야 한다. 그것의 불완전성은 확인할 여유가 없는 체계에서 특히 두드러질 것이다. 가정에 따라 그 조수는 의심이 나는 경우에 '죄송합니다: **벽돌**이라고 말했습니까?'로 반응할 수 없다.

그러나 비트겐슈타인에게 의심의 특권을 주고 그의 '판단에서의 일치'를 이것도 포괄하는 것으로 확대하자. 그렇게 하면, 건축가와 그의 조수는, 그들이 소쉬르의 **랑그**라는 대비책 하에 있는 것보다, 이제 비트겐슈타인에 의해 성공적인 언어적 의사소통에 대해서 훨씬 더 확실하게 준비되어 있는 것으로 보이기 시작할 것이다. 왜냐하면 소쉬르의 랑그는 오직 음운론적 구조의 동일성만을 보장하기 때문인데, (위에서 본 것처럼) 그 구조 자체로는 청자가 주어진 단어의 화자의 발음을 인식할 것이라는 보장이 없다.

그러면 우리는 관련된 여러 종류의 판단— 음성적 판단, 크기와 모양에 대한 판단, 연속적 순서에 대한 판단, 상호관계의 판단, 등등 —에 의거해서 '판단에서의 일치'라는 개념을 붕괴시킬 필요가 있는 것 같다. 이 방식에서 우리는 이 특정한 의사소통의 체계를 작동시키기 위해서는 어떤 '판단에서의 일치'가 필요한가를 정확하게 약간 세부적으로 규정하려고 할 수 있다. 즉, 건축가와 조수 각각의 '타당성 반작용'을 특정한 처리 장면들에 써 놓는 것이다. 상세한 기술 계획이기는 하지만 가능성이 있는 것이고 결국 소쉬르의 **랑그**보다 훨씬 더 강력한 의사소통적 도구를 정의하는 것이다.

이것은 틀림없이 '판단에서의 일치'가 실제로 문제의 가장 중요한 점이라는 믿음을 우리에게 더욱 강화시킬 것이다. **그것**이 보장된다면, 어떻게 건축가와 그의 조수가 어긋날 수 있는가? 그러나 조금 더 고려하면 우리는 두 번 주저하게 될 것이다. 첫째로, 우리가 실제로 '정의에서의 일치'의 경우보다 조금이라도 더 진척되는가? '판단에서의 일치'에 대한 이 새로운, 자격이 충분한 설명은, 의사소통이 실제에서 외치고 가져오기 작업이 매끄럽게 계속되는 한 성공적일 것이라는, 공허한 상투적 표현을 장식하는 정교한 방법이 아닌가. 그러나 그것이 그러할 것인가는 시간만이 말해 줄 수 있다. 왜냐하면 건축가와 그의 조수가 각각의 모든 단계를, 들보 가운데에 우연히 석판이 있지 않은지, 모서리가 깎인 벽돌이 없는지, 어떤 종류의 뜻밖의 어려움이 없는지를 조사하면서 미리 계획해야 한다면 그것은 그 작업의 전체 목적을 좌절시킬 것이기 때문이다. 사용될 때마다 총연습이 요구된다면 그것은 의사소통의 체계를 가진다는 것을 무의미하게 한다. 그래서 판단에서의 일치가 의사소통의 필수 조건이라고 주장하는 것은, 어떤 체계가 특정 경우에 대해 **불일치**가 발생하지 않는다면 작용할 것이라고 말하는 것에 지나지 않는다. 그러나 우리는 그것을 처음부터 알았다.

둘째 불안감은 훨씬 더 힘들다. 의사소통이 백문이 불여일견이라면, 건축가와 그의 조수가 실제로 두 가지 다른 체계를 사용하고 있느냐는 것이, 이것이 어떤 특정한 경우에 대한 그들의 판단에서의 일치에 영향을 미치지 않는다면, 무슨 문제인가? (그리고 이러한 일치는, 다시 한번 상기하지만, 명시적인 행위적 용어로 정의되어 있다: 그것은 정신적 인정에 대한 어떤 개인적 증표가 아니다.) 그래서 건축가와 그의 조수가 특정한 경우에 관해서 불일치하지 않기로 어느 정도 합의할 수 있다면, 정확히 어디에서 그들 체계(혹은 체계들)의 경계가 그려지는 것으로 생각되는가는 거의 문제가 되지 않는다. 작업을 본 관찰자는 아마도 '건축가가 그것을 석판으로 받아들이지 않아야 한다,' 혹은 '조수가 실제로 그 소리를 벽돌로 받아들이지 않아야 한다'와 같은 논평을 지나치기 쉬울 수 있다. 그러나 건축가와 그의 조수가 그렇게 관대하다면, 국외자로부터의 그러한 현학적인 표현은 정당화될 가능성이 없다. 의사소통에 관한 한, 무엇이 허용될 수 있는가를 규정하는 것은 건축가와 그의 조수가 성공적으로 하는 무엇이지, 그 반대가 아니다. 그러나 그들이 체스를 하고 있다면 정확히 그 반대일 것이다.

이러한 결론에 도달하는 것은, 우리가 아무리 어렵게 유추를 확장한다고 해도, 결국 건축가와 그의 조수가 참여한 종류의 활동은 체스와 근본적으로 다르다는 것을 깨닫는 것이다. 그들이 순응해야 하는 우선적인 규칙들의 집합은 있지 않다. 그것은 그들이 협동하고 있고 경쟁하고 있지 않기 때문이다. 그들은, 그러한 협동을 촉진하고 일을 마치도록 할 어떠한 방식에서든 언어적 기호를 사용하는 데에 자유롭다. 그 예는, 언어적 의사소통이 정의에서의 일치와 판단에서의 일치를 요구한다는 일반 명제(thesis)가 심각하게 오해될 수 있는 측면들을 강조하기 때문에, 의미심장하다. 더욱이 그것은 언어에 대한 어떤 일반적인 탐구를 위한 바람직한 출발점을 제시한다. 즉, 언어적 의사소통은 특정한 상호작용의 장면에서 언어적 기호에 의해 일치에 도달하는 것이다. 언어는 거기에서 출발하지 그 밖의 다른 곳에서는 출발하지 않는다. 그리고 그것은 또한, 소쉬르와 비트겐슈타인이 우리에게 제시한 것에 대한, 어떤 정상적인 대안적 설명을 위한 출발점이기도 하다.

10

언어와 과학

소쉬르와 비트겐슈타인은 그들 자신의 분야에서 널리 통용되고 있던 학문적 관례에 대해서 똑같이 심한 불만을 가지고 있었다. 각자에게서 이것은 부분적으로 그들이 그것의 지위를 자연 과학과 미주한 것으로 간주했다는 것에 기인한다. 그들은 또한 그들 각각의 분야에서의 학문적 활동을 더 확실한 이론적 토대 위에 위치시키려는 욕구를 공유했다. 비트겐슈타인의 철학에 관한 의혹은 그의 경력에서 매우 일찍 표현된다. 반면에 소쉬르의 언어학에 관한 의심은 점차적으로 발전되었을 뿐이다. 그러나 둘은 그들의 동시대인들과 선배들의 대부분이 그들 자신의 학문에서 진정한 탐구의 대상을 파악하는 데에 실패했다고 확신했었다. 결과적으로, 둘은 그들이 어려운 임무에 직면해 있다는 것을 느꼈고, 솔직했고 그들의 비난에 대해 당당했다. 비트겐슈타인은 '철학의 작업에서 보이는 명제와 문제의 대부분은 거짓이 아니라 단지 무의미할 뿐이다'(『논고』: 4.003)라고 힘차게 단언한 반면에, 소쉬르는 당대의 언어학에서 어떤 조금의 의미라도 있는 단일한 용어를 찾기가 어렵다고 주장했다.(메예[42]에게의 편지, 1894; de Mauro 1972: 355) 각각은 자신이 언어에 대한 주제를 둘러싼 개념적 혼란을 명료화한다고 생각했다. 한 가지 경우는 언어학자에 의해 도입된 혼란이고 다른 경우는 철학자에 의해 도입된 혼란이었다.

이러한 불평의 배경은, '과학'으로서의 인식에 대한 그들의 주장을 압박하는 학문적 주제들의 모든 특색 때문에, 적어도 1850년대 이후로 문제가 되어 온 '과학적' 지위에 관한 논란이다. 과학이지 않고, '과학적 방법'을 택하지 않고, '과학적 목표'를 채택하지 않는 것은 19세기 후반부와 20세기 초반 유럽의 대학들에서 지적 덕망이 부족한 것과 같았다. 이러한 측면에서 철학과 언어학을 위해서 이루어진 주장은 흥미롭다.

'과학'으로서의 철학에 대한 맨 처음의 우승자는 비트겐슈타인의 선생인 러셀이었는데, 이 주제에 대한 그의 관심은 그의 1914년의 허버트 스펜서 강좌 '철학에서 과학적 방법에 대하여'와, 같은 해에 출판된 그의 책 『철학에서의 과학적 방법을 위한 분야로서 외부 세계에 대한 우리의 지식』(*Our knowledge of the External World as a Field for Scientific Method in Philosophy*)에서 분명하다. 러셀에 따르면, 철학은 가장 일반적인 과학이라는 독특한 위치를 유지한다. 그러나 다른 과학처럼, 수정할 수 있는 가설을 주창할

---

42) Meillet, Antoine(1866–1936). 비교언어학의 방법론 확립에 공헌한 프랑스의 언어학자로서 소쉬르에게 언어학을 배웠다.

수 있고 따라서 '진리에 대한 연속적인 접근'을 할 수 있다.(Russell 1914: 109) 이것에 대해 비트겐슈타인은 완전히 의견을 달리한다: '철학은 자연 과학의 하나가 아니다.'(『논고』: 4.111) 『논리-철학 논고』에 따르면, 철학은 어떤 다른 종류의 과학이 아닌데, 순수한 철학적 명제가 전혀 없기 때문이다. 그러므로 철학은 세계에 관해서 우리에게 아무 것도 말할 수 없다. 철학이 가장 일반적인 과학이라는 개념은 근본적인 오해이다.

동일 주제가 비트겐슈타인의 후기 작업에서 중심 사상으로 다시 나타난다. '철학은 단순히 우리 앞에 모든 것을 놓는데, 어떤 것을 설명하지도 추론하지도 않는다.'(『탐구』: 126) 다시, '철학에서 우리는 결론을 이끌어내지 못한다.'(『탐구』: 599) 언어 현상은 결국 자연의 사실들이기 때문에 언어를 이해하는 것에 흥미가 있는 사람은 '문법이 아니라 문법의 근거가 되는 자연에서의 그것에 흥미를 가져야 한다'는 반대에 대해서, 비트겐슈타인의 대답은 간단하다: '우리는 자연 과학을 하고 있지 않다.'(『탐구』: p.230) 그러한 표현은 소쉬르의 『일반언어학 강의』에서 '연구의 대상'에 관한 장의 첫머리말로 매우 적절할 것이다.

언어학이 과학이라는 주장은 1860년대에 막스 뮐러[43]에 의해 열정적으로 주장되었는데, 그는 언어학의 방법을 식물학, 지질학, 천문학의 방법에 비유했다.(Muller 1864: 1) 1861년에 왕립 협회에

---

43) Muller, Friedrich Max(1823–1900). 영국의 동양학자이자 비교언어학자로서, 그는, 자연 법칙과 유사한 법칙에 따른 언어의 기원과 성장, 인간의 사고 발달에 미친 언어의 영향과 같은, 더 이론적이거나 철학적인 측면에 주로 관심을 가졌다.

서의 뮐러의 언어 과학에 대한 강의의 첫 제목은 매우 분명했다: '물리 과학의 하나인 언어 과학'. 소쉬르는 이러한 범주화를 거부했는데 그것이 언어는 자연적 유형의 성장, 발달, 쇠퇴를 가진 조직이라는 가정에 근거했기 때문이다. 그는 또한 언어학이 그것의 과학적 지위를, 인구어의 '음성 법칙'의 작용을 설정함으로써, 증명했다는 생각을 거부했는데, 그가 문제의 음성 발달을 '법칙'으로 받아들이지 않았기 때문이다.(『강의』: 129ff) 똑같이, 그는, 뇌에서의 언어의 국지화에 관한 브로카[44]의 발견에 근거해서 호벨라끄(1877: 29ff)[45]에 의해 주장된, 언어학이 생리 과학이라는 논증을 거부했다.(『강의』: 26-7) 그렇지만 소쉬르는 언어학이 인문과학 가운데에 놓인다는 것을 주장했는데, 특히 그것이 (지금까지 이해하지 못한) 기호에 대한 과학의 한 분야라고 주장했다.

그것은 '사회적 삶의 부분으로서 기호들의 역할을 연구하는 과학'일 것이었다. 그것은 '기호의 본질과 기호를 지배하는 법칙들을 탐구할' 것이다. '기호학에 의해 발견될 법칙은 언어학에 적용될 수 있을 것이고, 언어학은 따라서 인간의 지식이라는 영역 안에서 분명하게 정의된 자리에 할당될 것이다.'(『강의』: 33) 따라서 랑그의 연구를 더 일반적인 과학의 한 분야로 간주함으로써, 소쉬르는 '처음으로 언어학을 과학들 가운데에 그 자리를 할당하는 데에 성공한' 것으로 주장했다.(『강의』: 33-4)

---

44) Broca, Paul(1824-1880). 프랑스의 외과의사이자 인류학자. 그는 뇌를 연구하여 인간의 언어능력의 일부가 '브로카 중추'라는 곳에 위치함을 밝혔다.

45) Hovelacque, Abel(1843-1896). 프랑스의 역사언어학자.

『일반언어학 강의』와 『논리-철학 논고』는, 적어도 필수 조건이 과학이 경험적 명제를 주장해야 하고 그러한 의미에서 기술적이어야 한다는 것으로 간주되는 한, 과학이 무엇인지에 대해 일치하고 있다. 바로 철학적 명제가 세계를, 세계의 가장 일반적인 측면조차도, 기술하지 않기 때문에, 비트겐슈타인은 철학에 대해서 과학의 지위를 부인한다. '모든 철학이 "언어에 대한 비판"이다'(『논고』: 4.0031) 해도, 그것이 언어에 대한 기술은 아니다. 다른 한편으로 소쉬르의 경우에, 과학으로서의 언어학의 첫째 임무는 기술이다. 그것은 '알려진 언어 모두를 기술하고 그 역사를 기록하는 것'(『강의』: 20)이다. 동일한 징표로, 소쉬르가 언어학과 비교언어학 둘 다를 '과학적' 활동으로 인정하기는 하지만, 그는 주어의 '정확한' 용법을 제정하기 위한 문법가의 노력에 대해서 이러한 자격을 분명히 부인했다.(『강의』: 18－19) 이것은 언어에 대한 문법가의 접근이 규정적이고, 기술적이지 않기 때문에—그리고 그러한 한— 분명했다. 소쉬르의 관점에서 그것은 전혀 언어과학의 기능이 아니라, 일상적 용법의 특질을 승인하거나 비난하는 것이다. 마찬가지로 비트겐슈타인은 일상 언어를 고치는 것, 일상 언어의 명제가 그것들이 있는 그대로 완전한 논리적 순서로 있다고 주장하는 것에 대해서 어떤 관심도 거부했다.(『논고』: 5.5563) 이 명제(thesis)는 나중에 『철학적 탐구』에서 반복된다.

> 우리의 언어에서 모든 문장들이 '있는 그대로 정연하다'는 것은 분명하다. 말하자면, 마치 우리의 일상적인 모호한 문장들이 전혀 예외가 없는 의미를 아직 가지고 있지 않으며 완전한 언어가

> 우리에 의해서 구성되기를 기다렸다는 듯이, 우리가 어떤 하나의 이상을 얻으려고 애쓰고 있지는 않다. (『탐구』: 98)

『논리-철학 논고』는, 러셀이 잘못 생각한 것처럼(『논고』: x), 논리적으로 완전한 문장을 구성하는 것에 대한 문제가 아니라, 모든 언어가 충족시켜야 하는 조건들을 분석하는 것에 관한 것이다. 소쉬르의 언어 과학도 모든 언어를 지배하는 조건들에 관한 것이다. 그러나 이것들은 경험적이지 논리적인 조건이 아니다.

> 언어학의 과제는 다음과 같은 것이 될 것이다:
> (a) 알려진 모든 언어를 기술하고 그 역사를 기록하는 것. 이것은 어족의 역사를 탐색하여 밝혀내고, 가능한 한 각 어족의 조어를 재구성하는 것을 의미한다.
> (b) 모든 언어에서 항구적이고 보편적으로 작용하는 힘을 확정하고, 역사적으로 검증된 독특한 언어 현상 모두를 설명하는 일반 법칙을 명료하게 밝히는 것.
> (c) 언어학 자체의 범위를 정하고 정의를 내리는 것.
> (『강의』: 20)

따라서 소쉬르와 비트겐슈타인은 한 눈에 언어와 과학에 대한 태도의 분명한 상보성을 드러낸다. 언어학과 철학 사이에 '업무 분담'은 분명하다. 소쉬르에게 있어서 언어학은 모든 언어에 존재하는 조건들에 대한 경험적 연구이다(따라서 과학이다). 비트겐슈타인에게 있어서 철학은 모든 언어의 논리적 조건들에 대한 개념적 분석이다(따라서 과학이 아니다).

최초의 점검으로는 문제가 없는 것으로 보이는 이러한 상보성은 두 이론가에게 어려움을 숨긴다. 『논리-철학 논고』의 저자에게, '순전한 명제들의 총합은 "자연 과학"의 전체를 구성한다.'(Hacker 1986: 23) 이러한 관점에서 언어는 우리에게 윤리적, 미학적 혹은 형이상학적 명제들을 형성할 수 있게 하지 못한다. 더 나쁘게는, 언어 자체의 본질에 관한 명제들도 그렇다. 이러한 것들은 언어의 한계 너머에 있다. 그러나 어떤 의미에서는, (언어적으로 표명된 텍스트인) 『논리-철학 논고』에서 실행된 것처럼 철학은 언어에 대해, 혹은 적어도 언어의 어떤 본질적 특질에 대해, 기술적 설명을 하는 것 같다. 러셀이 뒤틀리게 관찰한 것처럼, '비트겐슈타인씨는 말해질 수 없는 것들에 관해 상당히 많은 것을 잘 말한다.'(『논고』: xxi) 어떻게 이럴 수 있는가? 수수께끼는 『철학적 탐구』에서 다시 나타나는데, 철학이 언어의 작용들에 대한 기술에 관한 것처럼 제시된다. '우리의 고려에 어떤 가정적인 것이 있으면 안 된다. 우리는 모든 **설명**을 없애야 하고, 기술만이 그 자리를 차지해야 한다.'(『탐구』: 109) 혹은 다시, '철학은 언어의 실제 사용을 어떤 방식으로도 침해해서는 안 된다. 철학은 결국 그것을 단지 기술할 수 있을 뿐이다.'(『탐구』: 124) 그러나 그렇다면 어떻게 철학이 언어학과 다른가? 그리고 언어학이 과학이라면, 왜 철학은 아닌가? 왜냐하면 둘 다 언어의 사용에 관여하기 때문이다. '그것은 철학자에게 그들의 안락의자에서 나와서 사전에 몰두하도록 요구하는가?'(Hacker 1986: 161) 제안된 대답은, 그러한 질문이 '오해에 근거하고', 철학은 '기술 문법과 경쟁 상태에' 있지 않고, 비트겐슈타인에게 있어서 '언어의 탐구는 철학의 개념적 문제로부터 그것의 목적을 받지 언어학에서의 경험적 문제로부터 받지는 않는다'는 것이다.(Hacker 1986: 161) 이러한 관찰이 적절하기는 하지만, 결국 어떻게 그것들이 비트겐슈타인을 곤란에서 빠져 나오게 하는가는 분명하지 않다. 분명히, 우리가 과학과 철학이 겹치지 않는다고, 개념적 문제와 경험적 문제 사이에 절대적 차이가 있다고, 등등을 규정하기 원한다면 할 수 있다. 그러나 이것은 단지 20세기 서구 문화의 맥락에서 어떤 특정한 학문적 태도에만 적용될 수 있다. 그러한 입장이 '언어의 본질' 혹은 그것의 '한계'에 대해서 어떤 영구불변의 진리로 승인되어야 한다는 주장은 명백하지 않다. 과학, 철학, 언어는, 결국, 추측컨대 다른 것들처럼 단어일 뿐이다(적어도, 『철학적 탐구』의 저자에 따르면).

소쉬르는 이 문제의 거울-영상에 직면한다. 사실 비트겐슈타인처럼, 그는 '과학'에 대해 널리 통용되는 지배적인 개념화를 택한다. (어떤 과학 S에 있어서, 그것의 영역 내의 현상을 기술하는 것, 그리고 S의 일반 법칙에 의해서 이 현상을 설명하는 것은 그 과학에 속한다. 이 한 쌍의 목적을 달성하는 방식이 S를 과학으로 정의한다.) 그러나 과학으로서의 언어학이 철학을 포함해서 다른 형태의 학문과 다르고, 또한 (소쉬르가 아주 분명히 의도한 것처럼) 자율적이라면, 랑그의 현상(*faits de langue*)과 파롤의 현상(*faits de parole*)을 구별하기 전에 먼저 언어의 현상(*faits de langage*)과 논리의 현상(*faits de logique*)을 구별해야만 한다. 『일반언어학 강의』는 과감하게 전자의 문제를 다루지만 후자에 관해서는 뚜렷하게 침묵한다. 결과적으로, 한 쌍의 부적절한 대안들이 남겨졌다. 소쉬르의 침묵은, 그가 논리의 현상이 결국 언어의 현상의 하위집합으로 나타난다고 추정했음을 가리키는 것으로 해석되거나, 그가 논리의 현상과 언어적 현상 사이에 놓인 경계가 경험적 언어 연구에 의해서만 발견될 수 있다고 추정했음을 가리키는 것으로 해석될 수 있다.

언어 기호를 정의한 방식 때문에 자신의 언어학이 단지 사이비 과학일 뿐이라는 반대가 가능하고 그 반대에 매우 취약함을 소쉬르가 느꼈다는 아주 분명한 증거가 『일반언어학 강의』에 있다. 달리 말해, 그가 설정한 기표(signifiant)와 기의(signifíe)의 결합은, 실제로 존재하지 않고, 단지 이론적인 추상적 개념이고, 따라서 언어학자에게 순수한 경험적 명제에 대한 기반을 전혀 제공하지 않는다. 그러므로 그는, 비록 랑그의 대상들이 관찰될 수 있는 파롤의 것들과 혼동되지 않을 것이라고 해도, 랑그가 단순한 추상적 개념이 아니라(『강의』: 31) '구체적 대상물들'로 이루어짐을 강조해서 주장했다. 그 점은 소쉬르에게 특히 중요한 것이었는데, 왜냐하면 소쉬르가 19세기 언어학은 존재하지 않는 언어적 대상물을 (발음과 어휘의 변화에도 불구하고 '동일한 것'으로 남아 있는 언어들, 굴곡의 차이를 상실했음에도 불구하고 '동일한 것'으로 남아 있는 문법의 패러다임들을) 창작하는 것을 바로 임무로 한다고 간주했기 때문이다. 소쉬르에 관한 한, 언어 과학은 언어적 실재물들을 다루어야 하지, 메타언어적 허구를 다루면 안 된다. 그러나, 그가 어쩔 수 없이 수용한 것처럼, 언어학은, 다른 과학과 달리, '미리 주어진' 연구의 대상이 있지 않다: 언어학에서 '대상을 만들어내는 것은 채택된 관점이다.'(『강의』: 23) 바로 이러한 허용과 과학적 지위에 대한 주장 사이의 긴장이, 『일반언어학 강의』 전체에서 끊임없이 느껴지는 것이다.

소쉬르와 비트겐슈타인 둘에게 있어서 어려움의 궁극적인 근원은 '과학' 자체의 패러다임에 있다. 경험적 명제와 다른 형태의 담화 사이의 범주적 차이를 전제함으로써, 그것은 언어에 대한 어떤 일반적인 연구를 곤경에 빠뜨리는 덫을 놓는다. 단어들은 문화적 사실인 동시에 메타언어적(후단언어학적) 가정물이고, 개념적 도구이다. 따라서 그러한 패러다임의 틀 안에서 언어에 관한 담화에 대해서 경험적/비경험적 차이를 이끌어내는 것은 본래 문제가 있다. 그것은, 언어의 한계를 뛰어넘으면서 언어의 한계 안에서 유지되려는, 역설적 계획을 의미한다.

소쉬르와 비트겐슈타인이 언어와 규칙에 지배되는 놀이 사이의 유추를, 그것이 서구 학계에서 19세기 실증주의의 승리로 부과된 일련의 언어적 딜레마로부터의 가장 좋은 탈출구를 제공할 수 있는 것으로 보았기 때문에 독립적으로 탐색하게 되었다는 것은 역사의 가늠자에 의해서 분명해진다. 실증주의 과학은 '확실한 사실'을 요구한다. 그러나 언어는 전혀 아무 것도 제공하지 않거나 너무 많은 것을 제공하는 것 같다. 이 때는 언어에 대한 연구가 거의 공통점이 없는 학문들 사이에 분열이 일어나도록 위협하던 때였다: 음성학, 심리학, 언어학, 신경생리학, 사회 인류학 등. 그러한 분열은, 과학의 관심과 그것의 '더 확실한' 사실에 대한 부단한 탐색에서 추구되었는데, 언어가 어떻게 해서든지 이해의 그물을 빠져나간다는 어지러운 인상을 남겼다. 마치 익숙한 대상이, 성능이 좋은 현미경을 통해 처음으로 관찰되었는데, 더 이상 '거기에' 있지 않고, 이전에 보이지 않던 일련의 매우 불분명한 대상들로 용해된 것으로 보일 때처럼. 19세기 후반과 20세기 초반에 언어의 경우가 그랬었다. 놀이 유추의 적용은 이론적으로 방어할 수 있는 형태로 언어에 대한 상식적 관점을 정당화하려고 시도하는 반작용으로 간주될 수 있다. 과학의 현미경을 거부하지 않으면서, 그것은 음미되는 대상이 일상 언어 사용자에게 잘 알려진 것으로서, 모든 사람들이 할 수 있는 놀이로서, 실제로 언어라는 것을 다시 확인하고 주장했다.

동시에 그것은 우리에게 과학에서의 발전이 시간이 흐르면 현재 드러나지 않은 언어에 관한 진실을 저절로 적절하게 드러낸다는 오해에 대해서 잘못을 깨우쳐 준다. 그것을 믿는 것은, 뇌와 신경 체계에 대한 미래의 연구가 체스를 조금이라도 더 잘 이해하는 데에 도움이 될 것이라고 주장하는 것처럼 불합리하다. 일단 우리가 우리의 언어에 대한 숙달이 우리의 놀이에 대한 숙달과 비슷하다는 것을 알게 되면, 언어가 놀이를 하는 것처럼 자연적으로 부여된 다양한 능력들에 좌우된다 해도, '자연에 의해 부여된 기능'으로서의 언어를 연구하려고 하는 것에 우월성을 부여하려는 어떠한 유혹도 우리는 거부할 것이다.

이러한 방식으로 놀이 유추는, 언어적 사실들을 확인하고 질서화하기보다는 오히려 여러 가지 가능한 질서화와 그것의 자연적 상호관련성 모두에 대한 분명한 관점을 장악하는 것이 원칙적으로 가능하도록 하는, 본질적인 관점(Übersicht)을 약속한다. 서구 문화사에서 이르지 않은 시기에는 그러한 진부해 보이는 유추가 그것을 약속하는 것처럼 보였을 것이다. 소쉬르와 비트겐슈타인

두 사람이, 언어의 한계에 대항해서 자신들의 머리를 들이받은 계몽에 관해서(『탐구』: 119) 오해한 것은 추측컨대 결국 다른 어떤 것이었다. 그들은, 매우 특권적인 과학의 패러다임에 의해서 강요된 한계에 대항해서 그들의 언어 개념을 부딪친 것이었다.

전기 개관

Ferdinand-Mongin de Saussure

1857	11월 26일 제네바에서 태어남
1875	제네바 대학에서 공부함
1876−80	라이프찌히 대학에서 공부함
1878	『인구어의 원시모음체계에 관한 논고』 출판
1880	파리로 감
1881−91	Ecole des Hautes Etudes에서 가르침
1891	제네바 대학 교수 임명
1907−11	일반 언어학을 강의
1913	2월 22일 Vufflens에서 죽음
1916	『일반언어학 강의』 출판

Ludwig Josef Johann Wittgenstein

1889	4월 26일 빈에서 태어남
1908−11	맨체스터 대학에서 공학을 공부함
1912−13	케임브리지에서 철학을 공부함
1914−18	오스트리아 군대에 복무
1918−19	이탈리아의 전쟁 포로
1919−20	교사 연수를 받음
1921	『논리-철학 논고』 출판
1920−6	오스트리아에서 가르침
1926−8	빈의 누이의 집을 설계
1929	케임브리지로 돌아감
1939	케임브리지 철학 교수
1947	사임함
1951	4월 29일 케임브리지에서 죽음
1953	『철학적 탐구』 출판

Ferdinand-Mongin de Saussure (1857－1913)

소쉬르는 학문의 전통을 가진 오랜 스위스 가문에서 태어나 그의 전 생애에 걸쳐서 완전히 공인된 학문적 성공을 거두었다. 그는 소년 시절에 어원 문제에 관심을 가지게 되었는데, 이는 부분적으로 『인구어의 기원』(*Origins indo-européens*)의 저자인, 소쉬르가 다녔던 베른 근처에 있는 학교의 학생이었던, 픽테[46]를 만났기 때문이다. 15세 때 소쉬르는 이미 「언어에 대한 한 연구」("Essai sur les langues")를 썼는데, 그것을 픽테에게 보냈고, 그는 소쉬르에게 그의 언어학적 관심을 계속 추구하도록 격려했다. 제네바 대학 시절 이후에, 소쉬르는 당시에 언어 연구의 중심으로 유명한 라이프찌히에 갔다.

그는 먼저 21세 때에 『인구어의 원시 모음체계에 관한 논고』를 출판함으로써 학계의 주목을 끌었다. 그 이후로 30년 동안 그는 자신의 분야에 중요하게 공헌할 만한 다른 논문을 전혀 출판하지 않았다. 그는 산스크리트어의 소유격 독립 구성에 대한 주제로 박사학위를 받았고, 몇 개의 짧은 논문과 서평을 썼다. 그러나, 결국에는 『일반언어학 강의』가 변화시킨 것처럼, 언어학의 전 과정을 영구히 변화시킬 것으로 보였던 것은 없었다. 라이프찌히에서의 연구를 마치고 그는 파리로 갔는데, 거기에서 그는 곧 브레알[47]의 후임으로 고등연구소(Ecole des Hautes Etudes)의 강사

---

46) Pictet, Adolphe(1799－1875). 당시 최고의 고생물학자이자 인구어학의 전문가로서, 소쉬르의 첫번째 가정교사였다.

(maître de conferences)가 되었다. 그는 고딕어, 고대 고지 독일어, 그리스어, 라틴어, 리투아니아어에 대해 강의했고, 언어학회의 활동적인 성원이 되었다. 당시의 그의 학생들에는 후에 저명한 프랑스 학자가 된 몇 사람이 있었는데, 그 중에 다르메스테테르[48], 파시[49], 그라몽[50], 메예가 있었다.

1891년에 스위스에 돌아온 그는 제네바에 정착해, 계속 대학에서 직장을 잡았고, 오래되고 부유한 다른 스위스 가문의 딸과 결혼했다. 그는, 주로 산스크리트어와 다른 인구어들을 강의하면서 그의 나머지 생애를 제네바에서 보냈다. 베르트하이머(Joseph Wertheimer)가 은퇴하고 나서야 비로소 소쉬르는 일반 언어학에 대한 강의를 맡았는데, 1907년에서 1911년까지 모두 3년밖에 되지 않았다. 이 삼 년 동안에 있었던 그의 학생들에 의해서 선택된 강의 공책이, 바로 후에 그의 동료들에 의해 합쳐지고 편집된 자료의 대부분이 되었고, 그의 사후에 『일반언어학 강의』로 출판되었다. 그는 1912년에 질병 때문에 어쩔 수 없이 가르치는 것을

---

47) Bréal, Michel(1832－1915). 프랑스의 언어학자로서 프랑스의 비교언어학 연구의 기초를 닦았으며, 언어의 의미 변화를 연구하는 독립 분야를 제창하여 여기에 의미론(sémantique)이라는 명칭을 붙였다.

48) Darmesteter, Arsène(1846－1888). 프랑스의 언어학자로서 브레알과 함께 초기의 역사적 의미론 학자로 유명하다.

49) Passy, Paul Edouard(1859－1940). 프랑스의 음성학자. 언어 교육에서 음성학의 중요성을 인식하고, 국제음성학회의 전신인 영어교사 음성학회를 창설하였다.

50) Grammont, Maurice(1876－1946). 프랑스의 언어학자로서 특히 실험음성학에 정통했으며, '점강음'과 '점약음'의 개념을 도입하여 음절을 설명했다.

포기했고 다음 해에 죽었다. 1922년에 소쉬르 자신이 살아 있는 동안에 출판했던 연구가 합쳐져서 『소쉬르의 출판 논문 선집』(*Recueil des publications scientifiques de Ferdinand de Saussure*)이라는 제목의 한 권의 책으로 나오게 되었다. 『일반언어학 강의』가 기초로 한 본래의 학생들의 공책이 1967－74년에 알기 쉬운 원전 비평 연구판으로 엥글러(Rudolph Engler)에 의해 출판되었다.

아직 충분한 분량의 소쉬르 전기는 나오지 않았다. 가장 알기 쉬운 그의 생애에 대한 유용한 해설은 마우로(Tullio de Mauro)가 편집한 『일반언어학 강의』 1972년 판의 부록으로 나온 「소쉬르의 전기와 비평에 대한 주석」("Notes biographiques et critiques sur F. de Saussure")에 들어 있다.

Ludwig Josef Johann Wittgenstein (1889－1951)

비트겐슈타인은 명망 있는 오스트리아 기업가의 막내아들이었다. 그의 집안은 본래 유태인이었지만, 비트겐슈타인의 할아버지는 개신교로 개종했고, 그의 어머니는 카톨릭이었다. 그는 14세까지 집에서 교육을 받았고, 나중에 린쯔에 있는 학교에 다닌 후에 베를린-샬로텐부르크에 있는 기술 전문학교에 갔다. 1908년에 그는 영국에 가서 맨체스터 대학에서 항공학 연구에 종사했다. 1912년에, 논리와 수학에 관심을 가지게 되면서 그는 케임브리지 트리니티 칼리지에 가서 러셀 밑에서 공부했는데, 무어의 강의에도 참석했다. 그는 1차 세계대전의 발발로 오스트리아에 돌아가 군대에 자원했고, 결국 1918년에 포로로 잡혔는데, 그 해에 그는 『논리-철학 논고』를 완성했다. 독일어 판은 1921년에 『자연철학연보』에 실렸고, 다음 해에 오그던의 영어 번역판으로 나왔다.

전쟁 후에 비트겐슈타인은 철학을 포기했고, 막대한 유산을 포기하고 몇 년 동안 오스트리아의 시골 교사가 되었다. 그 때에 그는 잠깐씩 수도원 정원사로 일했었고, 빈에 그의 누이를 위해 집을 설계했었다. 그의 철학에의 복귀는 부분적으로 빈 학파의 구성원들에 의해 『논리-철학 논고』에 쏟아진 관심으로 자극 받았다. 1929년에 그는 케임브리지에 돌아갔다. 그 해에 그는 그의 논문으로 『논리-철학 논고』를 제출해서 그의 박사 학위를 받았다. 1930년에 그는 트리니티 칼리지의 특별 연구원이 되었다. 1931년에 그는 나중에 『철학적 문법』(1969)으로 출판된 것을 쓰기 시작했다. 그는 나중에 『청색 책』으로 불리게 된 것을 1933－4년에, 『갈색 책』으로 불리게 된 것을 1934－5년에 그의 케임브리지 수업에서 그의 학생들 중의 둘에게 구술했다. 『갈색 책』의 개정에 실패한 후 그는 결국에는 『철학적 탐구』가 된 것을 1936년에 시작했다. 1937년부터 그는 또 나중에 『수학의 기초에 관한 고찰』(1956)로 나온 것을 쓰기 시작했다. 그가 케임브리지에서 무어의 뒤를 이어 철학과 과장으로 임명된 것은 대략 2차 세계대전의 발발과 일치하는데, 그 기간에 그는 여러 번 병원의 사환으로 일했고 의학 연구소에서도 일했다. 1945년에 그는 『철학적 탐구』의 첫 부분을 마쳤고 1946년에는 나중에 『심리학의 철학에 관한 고찰』(*Bemerkungen über die Philosophie der Psychologie*, 1980)로 출판된 것에 대한 작업을 시작했다.

1947년에 그는 케임브리지 과장직을 사임하고 은둔하기 위해 아일랜드에 갔는데, 거기에서 『철학적 탐구』를 완결했다. 그의 생애의 마지막 2년은 질병의 해였다. 그는 암으로 고통을 받고 있음이 발견되었고, 그 때문에 1951년에 죽었다. 그의 사후에야 비로소 이전의 20년 동안의 그의 많은 저술들에 대한 출판이 시작되었다.

비트겐슈타인의 세부적인 생애는 말콤(N. Malcom)의 『비트겐슈타인: 회고록』(*Ludwig Wittgenstein: A Memoir*)과, 판(K. T. Fann) 편집의 『루드비히 비트겐슈타인: 인간과 그의 철학』(*Ludwig Wittgenstein: The Man and his Philosophy*)에서 볼 수 있다.

참고문헌

Aarsleff, H. (1982) *From Locke to Saussure*, Athlon, London,

Aristotle (1938) *De Interpretatione*, H. P. Cooke (trans.), Loeb Classical Library, London.

Baker, G. P. and Hacker, P. M. S. (1980) *Wittgenstein: Meaning and Understanding*, Blackwell, Oxford.

_____ (1985) *Rules, Grammar and Necessity*, Blackwell, Oxford.

de Mauro, T. (ed.) (1972) *Edition critique du 'Cours de linguistique générale' de F. de Saussure*, Payot, Paris.

Fann, K. T. (ed.) (1967) *Ludwig Wittgenstein: The Man and his Philosophy*, Dell, New York.

Hacker, P. M. S. (1986) *Insight and Illusion*, rev. edn, O. U. P., Oxford.

Harris, R. (1980) *The Language-Makers*, Duckworth, London.

_____ (1981) *The Language Myth*, Duckworth, London.

Hovelacque, A. (1887) *La linguistique*, 2nd edn, Reinwald, Paris.

Juliard, P. (1970) *Philosophies of Language in Eighteenth-Century France*, Mouton, The Hague.

Kenny, A. (1973) *Wittgenstein*, Allen Lane, Harmondsworth.

Locke, J. (1706) *An Essay Concerning Human Understanding*, 5th edn, London.

Malcolm, N. (1966) *Ludwig Wittgenstein: A Memoir*, O.U.P., Oxford

Müller, F. M. (1864) *Lectures on the Science of Language*, vol. 2, Longman, Green, London.

Plato (1926) *Cratylus*, H.N. Fowler (trans.), Loeb Classical Library, London.

Robins, R. H. (1979) *A Short History of Linguistics*, 2nd edn, Longman, London.

Russell, B. (1914) *Our Knowledge of the External World as a Field for Scientific Mothod in Philosophy*, Open Court, Chicago.

Sweet, H. (1900) *The History of Language*, Dent, London.

Whitney, W. D. (1875) *The Life and Growth of Language*, Dell, New York.

찾아보기